# Now, Discover Your Strengths

# 现在，发现你的优势

[著]马库斯·白金汉
唐纳德·克利夫顿
[译]方晓光

中国青年出版社

盖洛普公司由美国著名的社会科学家**乔治·盖洛普**博士于 1935 年创立，是全球知名的民意测验和商业研究/咨询公司。盖洛普公司在长达六十多年的时间里，致力于测量和分析人的态度、意见和行为，被公认为世界权威。为此，盖洛普博士被美国权威的《生活》杂志评为**一百年来对美国历史影响最大的人之一**。

# 关于本书

“大部分美国人不知道他们的优势何在。如果你问他们，他们就会呆呆地看着你，或文不对题地大谈自己的具体知识。”

——彼德·德鲁克
（美国人本管理大师）

不幸的是，我们大部分人对自身才干和优势不甚了了，更不具备根据优势安排自己生活的能力。相反，在我们的父母、老师、经理和一心关注病态的心理学引导下，我们成为自身弱点的专家，为修补这些欠缺而一生追求，却对我们的优势不闻不问，任其荒废。

全球畅销书《首先，打破一切常规》的合著者马库斯·白金汉和盖洛普国际研究和教育中心主任唐纳德·克利夫顿发明了一个革命性的方案,来帮助读者们识别自身才干,并将其发展成优势,继而持续达到几乎完美的工作表现。本书的核心是网上进行的优势识别器(StrengthsFinder)测试。这是长达25年,耗资数百万美元的研究成果,旨在识别最普遍的人类优势。该测试推出34个主导“主题”及其成千上万的组合,并揭示如何最有效地将它们转化为个人和事业的成功。在开发这一方案过程中,盖洛普对两百多万人进行了心理测试,继而帮助读者学会关注和增强这些主题。

那么,它的工作原理是什么?本书附有一个独一无二的个人测试密码,使你能通过互联网进入优势识别器测试。这一网上访谈分析你的本能反应,并立即向你提供你的五个最强大的主题。你获知自己在34个主题中——例如成就、行动、体谅、前瞻、战略等——的主导主题后,本书就会指导你如何在三个层面上发挥它们,继而产生巨大的效应:你的自身发展,你个人的成功和你所在组织的成功。

# 重要提示

◎优势识别器测试提示：

1. 读完前三章后测试。

2. 刮开封面左下角，得到你的优势测试密码。持此密码点击以下网站：

www. strengthsfinder. com

3. 回答每个问题不超过20秒钟，以确保回答是你的第一反应。

4. 如实回答。

5. 回答完成后，优势识别器自动生成你的五大优势主题报告，并供你下载。

◎优势识别器测试的信度经美国权威机构检测与认证。

# 中文版序

我读研究生时,上过一门课,叫“现代散文”。其中读到一篇法国现代作家保罗·萨特的文章《存在主义》。文中有这样一句话:“如果上帝不在了,人们就陷入了焦虑。”当时,为弄懂萨特的意思,着实费了一番脑筋。萨特并不是讨论神学,而在阐述一种人生哲学,其主旨是人在完全自由的前提下选择和行动。萨特的“上帝”,就是一切左右人们行动的外力的统称。他解释道,如果上帝不在,那么一切都成为可能。结果,人们就陷入焦虑,因为他们无论对内还是对外都不再有章可循, 继而必须对自己的一切行动负全责——“我们被抛弃了,没有任何借口。”

“存在主义”(existentialism)在二战后曾风靡欧洲,后来被人淡忘。然而,我记得,“存在主义”的信条在上世纪80年代的中国大学校园中颇为流行。改革初期的大学生们渴望自由,渴望“自我设计”。“存在主义”为他们的渴望提供了哲学依据。

如今,人们是越来越自由了。虽然不能说想干啥就干啥,但从就学,到择业,以至于出国,计划经济的“上帝”都不干预了。对于不少人,机会终于来了。从过去梦想不到的机会,到过去梦想不到的成功。中国的社会翻了个。

然而,焦虑仍然存在。听人摆布的痛苦在消失,取而代之的是选择的迷茫和自由的焦虑。还记得“牧马人”吗?“牧马人”是痛苦的:那场浩劫断送了他的事业。然而,“牧马人”又能找到“安慰”,因为浩劫解释了他的结局。现在不同了。既然浩劫结束了,“上帝”退休了,别人成功了,而如果你,作为一个“牧马人”一度渴望而未能如愿的“自由人”,却没能实现辉煌人生,那你连怨天尤人的选择都没有了,有的只是自责。这种痛苦,恐怕不亚于当年的“牧马人”。无怪萨特又说:“人陷入了自由的厄运。”

市场经济是可爱的,因为它给了我们选择的自由。市场经济又是一场挑战,因为它打破了我们的心理平衡。过去,我们被要求“干一行,爱一行”,干得痛苦,爱得艰难。现在,我们高呼“爱一行,干一行”,兴奋之余,却忘了扪心自问:“我到底爱哪行?”我们义无反顾地去爱名誉、地位、金钱。我们仰慕功成名就的幸运儿。我们悉心研究他们的成功之路,努力上演模仿秀。我们遭到“东施”般的奚落,继而埋怨世道不公。

世道可能从一开始就是不公的。要不然,为什么只有一个盖茨和一个乔丹?然而,盖茨和乔丹们未必垄断辉煌人生。即便没有盖茨的财富,乔丹的名望,我和你,以及千千万万的凡夫俗子们,依然能够获得我们自己的成功。

既然如此,你会问,成功之道何在?

如今,成功学正火。不信,到书店走走,从哲理高论到名人自述,哪里不是满满一书架?尽管如此,我们不甘寂寞,再添一把火。继《首先,打破一切常规》之后,我们把美国盖洛普公司的第二本畅销书《现在,发现你的优势》介绍给中国读者,希望借此帮助各位建立辉煌人生。

盖洛普研究成功和成功之道,由来已久。自从乔治·盖洛普博士 1935 年在美国创立盖洛普公司以来,我们近 70 年科学、系统地研究选民、消费者和员工的意见、态度和行为,并据此为客户组织提供咨询。在研究过程中,盖洛普运用成功心理学的理念和方法,刻意寻找成功的案例,以求发现具有普遍意义的启示。

成功心理学有别于传统心理学。传统心理学着力研究人的心理病态,并寻找医治的对策。成功心理学则关注人的心理健康,并致力于剖析成功的奥秘。《现在,发现你的优势》就是用成功心理学的方法,在大量案例研究的基础上,为大家奉献的一本个人和组织的成功指南。

何谓成功?见仁见智。盖洛普的定义是,成功就是充分实现你的潜能。实现潜能有诸多变量。例如,不能忽视外部环境。所谓"生不逢时",就是没赶上好时候。故有"牧马人"的遗憾。但是,盖洛普说,在外部条件给定的前提下,能否成功,关键在于能否准确识别并全力发挥你的天生优势。

何谓优势?用大白话说,就是你天生能做一件事,不费劲,却比其他一万个人做得好。如果说得理念些,就是盖洛普所谓"做一件事的持续的、近乎完美的表现"。

如此说来,成功不是很简单吗?为什么仍有这么多人在焦虑和痛苦中挣扎?

照书中说法,原因有三。

其一,尽管优势如此重要和可爱,但人们历来并不注意它,更枉谈珍惜和发挥。我们从小受到的负面思维的影响太深。夸耀自身优点是不谦虚的陋习,必须根除。再说,优点不说跑不了,缺点不说不得了。发现和改正缺点,这才是进步。我们当中恐怕有不少人有过这样的儿时经历:我们考试得了95分,高高兴兴回到家。父母劈头就问:"那5分到哪里去了?!"

其二,就算我们看重优势,但我们知道自身优势何在吗?美国人本管理大师德鲁克说过:"大部分美国人不知道他们的优势何在。如果你问他们,他们就会呆呆地看着你,或文不对题地大谈自己的具体知识。"我在做咨询和培训的时候,也多次问别人,他们做什么事能超过一万人。很少得到满意的回答。

其三,就算我们知道自身优势何在,不少人却并不喜欢他们的发现。相反,他们继续羡慕别人身上他们认为含金量更高的优势,并徒劳无功地通过各种努力去当别人,而不是他们自己。如此,本来通过发挥自身优势而可望取得的成功,却与他们失之交臂。

针对第一点,盖洛普提出了优势理论。优势理论反映了一种积极思维。盖洛普研究了成千上万的成功案例,发现成功者尽管路径各异,却有一定之规,就是扬长避短。之所以人比人,气死人,就是因为以己之短,比人之长,越比越灰。盖洛普建议,与其老想自己没什么,不如多想自己有什么,然后设法把它用好。因为,说穿了,你没有的东西数不胜数,补得过来吗?天上的雁再多再肥,横竖够不着,看有什么用?还不如把手中的鸭子收拾了,先做一道好菜。这不是说,人可以无视缺点。盖洛普只是反对盲目的"琴棋书画",而代之以有目的的"断其一指"。只要欠缺不妨碍你发挥优势,尽可以由它去。

针对第二点,盖洛普以成功心理学的研究为基础,剖析了优势的来源和构成。盖洛普说,优势由才干、技能和知识组成。其核心是才干(talent)。盖洛普将才干定义为"个人所展现的自发而持久的并能产生效益的思维、感觉和行为模式"。

关于才干,盖洛普强调:

1. 才干是遗传和早期形成。盖洛普借用近年脑科学的研究成果,将才干比作一个人3到15岁所进行的大脑布线。一旦完成,很难改变。即所谓"江山易改,本性难移"。

2. 必须破除对才干的迷信。说到才干,人们往往想到盖茨和乔丹,仿佛这是名人的领地。其实,才干任何正常人都有,而且每个人的才干都与众不同。

3. 才干区别优秀与平庸。任何工作,要做得好,做得出彩,都必须具备所需才干,即某种"思维、感觉和行为模式"。其实,成功是什么,不就是在一个适合于自身才干的岗位上出类拔萃吗?

毋庸讳言,盖洛普并没有发明优势,也没有发明才干。但是盖洛普做了一件大事:它发明了一种描述才干的语言体系和识别个人才干的工具。盖洛普发现,长期以来,由于传统心理学知识的普及,人们对心理病态的认识不断加深,以至于平头百姓也能颇为精确地使用心理学术语来描述各种心理失常。相形之下,关于才干和优势,我们的语言却苍白无力。鉴于此,盖洛普根据多年研究,发明了一种语言体系,将五彩缤纷的人类才干归纳为4组34个"主题"。不仅如此,盖洛普还发明了一个网上测试工具,叫做"优势识别器"(StrengthsFinder),来帮助个人识别自身才干。它由180对问题组成,测试完成后自动生成测试人的五大标志主题报告。目前,该测试已有中文版。凡购买本书的读者,都能获得一个密码,上网测试。

针对第三点,盖洛普提醒人们,才干是个人所独有,贯穿一生,并且无法传授、培训和强求。既然如此,否认你的才干,就等于否认你的为人之本。反之,盲目羡慕别人的才干,企图通过培训等后天手段对自身重新布线,只能无功而返。

鉴于此,盖洛普建议:首先,你应认可自身才干。也就是说,你应接受你自己。接受自己并不说明你胸无大志,而恰恰说明你脚踏实地。其次,才干并不等于优势。才干是种子,优势是结果。要达到"持续的、近乎完美的表现",你不仅必须识别和接受自身才干,而且要配以必要的技能和知识,并寻找需要你所具才干的岗位,持续地使用它。这就是盖洛普所谓的发挥优势。如果你坚持下去,就有望成功,有望建立辉煌人生。

盖洛普有关才干和优势的理论,在知识经济时代格外适用。我在《首先,打破一切常规》的中文版序中,引用了管理权威托马斯·斯图尔特在《知识资本》一书中的一段话。在此,我忍不住再次引用:"在知识资本时代,最有价值的工作是以人为本的;

其内容是感知、判断、创造和建立各种关系。”我越琢磨，越觉得这话有理。现代社会中，由于生产效率的极大提高，直接从事物质生产的人越来越少，继而使越来越多的人腾出手来做其他工作，其大部分内容不是与物、而是与人打交道。不仅如此，这种与人打交道的工作往往是所谓的“白领”工作，因而总体上比物质生产更有价值。事实上，越来越多的跨国公司在外放生产，而专攻以人为本的研发和营销。如此，就在我们为“中国制造”而自豪时，它们却凭借其知识产权和市场通路，获得数倍、以至于数十倍于我们所得加工费的利润。

其实，就是在中国，知识经济也悄然来到了。不是吗？不仅服务业突飞猛进，制造业也在服务化。凡是市场导向的公司，其组织结构都日趋扁平。套用一句足球术语，越来越多的组织在采取全攻全守的“荷兰打法”，把尽可能多的资源压向市场第一线。

如果跟人打交道成为越来越多的人所从事的越来越有价值的工作，我们不禁会问，什么专业最有用呢？我想起前年读到的一期美国《商务周刊》专刊，题为《21世纪的企业》。其中有一篇文章谈到未来的企业领导人该学什么专业。作者建议，本科主修经济学，兼学哲学、心理学和外语；而研究生学什么都行，关键在于学会思维和分析。这话说得固然有些极端，但我想，作者的本意未必是提供就学辅导，而在于强调一个跟斯图尔特不谋而合的观点：在知识经济时代，狭义的专业技能已不如产业经济时代那么重要，取而代之的就是多少有点说不清的人际能力。例如，许多企业领导者可能会同意，企业的分工及其所需要的专长成百上千，但他们最看重的本事之一就是“搞定”客户。

根据盖洛普的定义，从根本上说，处理人际关系的能力不是一种可以传授和培训的技能和知识，而是一种内在的才干。你可以加强诸如“体谅”、“包容”、“沟通”、“交往”、“个别”等能力，却不能在本来没有的情况下获得它们。所以，知识经济时代的职业生涯往往是个性和才干密集的。“能干”的定义扩大了。仅有狭义的专长，却缺乏待人处事或识人用人的才干，恐怕走不远。

回到萨特。只要有选择，就会有焦虑。但是我们当中恐怕没有人会为了保留怨天尤人的后路，而愿意回到“牧马人”年代。当然，我们当中仍会有不少人希望，一旦自己选择失误，还能够怨天尤人。按照萨特的存在主义原则，不敢为自我负全责的人是“不真诚的人”，因而不是英雄。我们未必要成为存在主义者。但是面对市场经济令人眼花缭乱的机会，我们必须既保持清醒的头脑，又在自知之明的基础上大胆地选择。相比“牧马人”，我们生活在一个真正的火红的年代。“上帝”不在了是好事。我们终于能够把握自我。而只要我们真正把握了自我，我们就不会陷入焦虑。

我们确信，《现在，发现你的优势》将帮助你把握自我，把握人生。

**盖洛普中国公司副董事长　方晓光**

2002 年 7 月，北京

# 目 录

## 前言:工作中的优势革命

革命(22)

*“建立一流组织的两大前提是什么?”*

两百万访谈(27)

*“盖洛普采访什么人来了解人的优势?”*

## I. 解剖优势

### 第一章 辉煌人生

投资家,局长,皮肤病医生和编辑(33)

*“辉煌人生什么样?”*

泰格·伍兹,比尔·盖茨和科尔·波特(38)

*“优势是什么?”*

三个革命工具(41)

*“你需要什么来建立优势人生?”*

第二章　发展优势

他始终那么棒吗？(51)

*“科林·鲍威尔在优势上给我们什么启示？”*

知识和技能(53)

*“你能改变自己的哪些方面？”*

才干(59)

*“你的哪些方面经久不变？”*

## Ⅱ. 发现你的优势源泉

第三章　优势识别器

才干的蛛丝马迹(77)

*“如何识别自身才干？”*

优势识别器测试(85)

*“它的工作原理是什么；你如何完成测试？”*

第四章

优势识别器的 34 个主题

成就(93)

行动(95)

适应(97)

分析(99)

统筹(101)

信仰(103)

统率(105)

沟通(107)

竞争(109)

关联(111)

回顾(113)

审慎(115)

伯乐(117)

纪律(119)

体谅(121)

公平(123)

专注(125)
前瞻(127)
和谐(129)
理念(131)
包容(133)
个别(135)
搜集(137)
思维(139)
学习(141)
完美(143)
积极(145)
交往(147)
责任(149)
排难(151)
自信(153)
追求(155)
战略(157)
取悦(159)

## Ⅲ. 发挥优势

### 第五章　你在问的问题

发展我的优势有什么障碍吗?(165)
我为什么应当关注自身标志主题?(173)
我的标志主题排序有意义吗?(175)
主题描述的语句并不完全适合我，为什么?(177)
我的一些主题与有的人相同，可为什么我与他们不一样?(178)
有没有“相互对立”的主题?(180)
如果我不喜欢现有主题，我能培养新的主题吗?(182)
如果我专注于自身标志主题，会不会发展道路狭窄?(185)
我如何控制弱点?(188)

我的主题能证明我现有的职业选对了吗?(198)

## 第六章　管理优势

"菲德尔",萨姆·门德思,菲尔·杰克逊(207)

*"他们的成功秘诀何在?"*

循序渐进(211)

*"如何管理优势识别器的34个主题?"*

## 第七章　建立优势组织

全部故事(237)

*"谁在发动工作中的优势革命?"*

实用指南(241)

*"如何建立优势组织?"*

## 附　录

关于优势识别器的技术报告(267)

*"优势识别器的研究基础是什么?为完善这个工具还将进行什么研究?"*

# 前言:工作中的优势革命

自古以来，人类笃信好就是坏的对立面，因而孜孜不倦地关注谬误与失败。医生们通过研究疾病来了解健康；心理学家们通过调查悲伤来了解欢娱；家庭顾问通过探究离婚的原因来了解美满婚姻；世界各地的学校和工作单位鼓励我们每个人识别、分析和纠正我们的弱点,以求变为强者。

此种忠告虽用心良苦，却误入迷途。谬误和失败固然值得研究，但它们对什么是优势却无言以告。优势自有其自身的模式。

如果你想在自己选择的领域出类拔萃，并获得持久的满足,就必须了解自身特有的优势。你必须精于发现、描述、应用、发挥和增强你的优势。因此,你在阅读此书时,务必改弦易辙。停止关注你的弱点,转而细细探究你的优势。做一遍“优势识别器测试”(StrengthsFinder Profile),学会它的语言,发现你的优势源泉。

如果你在读完此书时，学会了识别你和你的员工的**优势**，这本书就达到了它的目的。

# 革 命

*“建立一流组织的两大前提是什么？”*

我们写此书的目的是发动一场革命，一场优势革命。这场革命的核心是一条简明的信念：一流组织不仅要接受员工们各个不同的现实，**而且必须充分利用这些不同**。它必须寻找每个员工的天生才干的蛛丝马迹，然后对每个员工进行定位和培养，继而将其才干转化为实实在在的优势。这一革命性的组织必须通过改变其选拔、测量、培养和引导员工的方式，把组织的全部事业建立在每个员工的优势之上。

此举将使这一革命性的组织占据有利位置，继而在业绩上大大超过其对手。盖洛普公司在最近一次元分析研究中，对36家公司7,939个部门的198,000名员工问到这一问题：“在工作中，你每天都有机会做你最擅长做的事吗？”我们接着将员工的回答与其所在部门的业绩进行对比，发现：当员工对这一问题作出完全肯定的回答时，其所在部门的员工流失率更低，生产率和顾客满意度得分更高，几率分别增加50%、38%和44%。随着时间推移，那些回答完全肯定的员工人数有所增加的部门也相应地提高了生产率、顾客满意度和员工保留率。无论你如何划分数据，如果一个部门的员工认为他们每天都能发挥优势，该部门就比一般部门更加强大和生气勃勃。

这对于希望在优势革命中冲锋陷阵的组织来说无疑是福音。为什么？因为大部分组织不善于发掘员工优势，到了令人吃惊的程度。在盖洛普的数据库中,我们对63个国家101个公司的170万员工问到"有机会做我最擅长做的事"这一问题。你猜有多少人完全同意他们每天都有机会做他们最擅长做的事？有多少人真诚地认为他们在发挥自身优势？

**20%**。我们研究的全球大型组织中，只有20%的员工认为他们每天都能发挥优势。最令人不解的是,一名员工在一个组织供职时间越长,地位越高,就越不容易认为自己在发挥优势。

大部分组织的开工率仅仅20%，这无疑令人震惊，但这一发现同时为优秀组织指明了一个莫大的机会。为了加速高利润率的发展，继而增加其整体价值，优秀组织仅需要从内部着眼，挖掘每个员工身上藏匿的巨大潜力。设想一下,如果它们将这一比例翻倍，使40%的员工深信他们每天都有机会做自己最擅长做的事,其效率和利润会有多么大的增长。或许翻三倍？对超一流的组织来说,使60%的员工"完全同意"并不是高不可攀的目标。

它们如何达到目标呢？首先,它们必须了解为什么10名员工中有8人认为自己定位不当。无视员工优势而错误定位——特别是有机会根据所长而另寻新职的资深员工——是普遍现象,其原因何在？

最简单的解释是大部分组织关于人的基本观念有误。我们对此了如指掌,是因为盖洛普在过去30年中一直在研究如何最大限度地发挥一个人的潜能。这项研究的核心部分是我们对全球数百家公司的8万名经理——大部分优秀，小部分一般——的访谈。我们关注的焦点是寻找世界顶级经理(无论是班加罗尔还是班格尔)的共同点。我们在《首先,打破一切常规》一书中详细描述了我们的发现。其中最重大的发现是:大部分组织都建立在对人性的两大误解上:

1. 每个人都能学会做好几乎任何事。
2. 每个人的最大弱点就是他/她进步的最大机会。

如果把话说得这么白，就很难相信如此浅薄的观念竟会成为常理。鉴于此，我们不妨深入一步，看看结果如何。如果你想测试你的公司是否信奉这两大观念，就请关注这些特点：

◎你的公司花更多的钱培训已被录用的员工，而不是先把他们选好。

◎你的公司通过规定工作风格来推动员工业绩。结果，最受关注的是工作法规、政策、程序和“行为达标能力”(behavioral competencies)。

◎你的公司将大部分培训时间和资金花在弥补员工的技能欠缺上。它将这些欠缺称为“机会区域”。如果你有个人发展计划的话，这一计划的核心便是你的“机会区域”，即你的弱点。

◎你的公司根据其所获得的技能或经验提拔员工。既然每个人通过学习，便无所不能，那么学得最多的人，价值就越大。如此，你的公司便有意识地把最高的荣誉、威望和薪酬施于最有经验的多面手。

与上述类型的公司相比，没有此种特征的公司要少得多。大部分组织对员工的优势不假思索，转而关注如何消除其弱点。它们对员工痛苦挣扎的领域兴趣盎然，巧妙地冠以“技能缺口”或“机会领域”等名称，然后把他们成批送往各种培训班，以求克服弱点。此种做法有时确有必要：如果一名员工总跟同事闹别扭，对其进行情感培训就不无益处；同样，对于一名天资聪慧但不善言辞的员工，沟通培训会有所帮助。但这不算是发展，而是损控(damage control)。仅靠控制损害是不可能将个人或组织提高到国际一流水准的。

除非一个组织摆脱这些观念，否则它就不可能充分发挥每个员工的天生优势。

为了冲出这个弱点怪圈，在你的组织内发动一场优势革命，你就必须改变你对人性的基本观念。只要把握住正确的观念，所有的后续步骤——选拔、测量、训练和培养员工——自然纲举目张。以下是世界顶级经理所遵循的两大观念：

1. 每个人的才干都经久不变，与众不同。
2. 每个人最大的成长空间在于其最强的优势领域。

他们对员工的全部管理均从这两大观念出发。而正是这两大观念说明，为什么优秀经理刻意寻找每个工种的特殊才干；为什么他们在管理员工业绩时，重在界定结果，而不是强求其方法一致；为什么他们违背一视同仁的金科玉律，区别对待员工；为什么他们总和明星员工在一起。简言之，这两大观念说明为什么世界顶级经理打破传统管理智慧的所有常规。

在顶级经理的指引下，现在是改弦更张的时候了。这两大革命观念必须重塑工作方式。它们将催生一种全新的、更强有力的组织，一种全力发现和开发每个员工天生优势的组织。

大部分组织为确保有效使用其实用资源，都有特定的程序。常见的有 Six Sigma 和 ISO 9000。同样，大部分组织越来越善于有效利用其财务资源。近来风靡一时的度量模型，如经济附加值和资本回报即是明证。然而，很少有组织建立一种系统的程序来有效使用其人力资源（它们可能会尝试个人发展计划，360 度评测和达标能力，但是这些尝试往往重在克服每个员工的弱点，而不是加强其优势）。

在本书中，我们要告诉你如何建立一个系统地强化优势的程序。就具体内容而言,第七章“建立优势组织”会有所帮助。在此,我们描述了最优化的选拔系统,所有员工的绩效得分表上都必须记录的三大结果,如何重新支配那些得不偿失的培训预算,以及如何改变你引导每个员工职业发展的方式。

如果你是一名经理,想知道如何充分发挥你的直接下属的优势,那么第六章“管理优势”将对你有所帮助。在这章中,我们逐一分析了你可能在你的员工身上发现的各种才能或风格,并告诉你如何行动来实现每个员工的优势最大化。

然而,我们并不从那里开始。我们从你开始。你的优势是什么?你如何发挥自身优势?你的最强大的组合是什么?它们将把你带往何方?有哪一、二、三件事你做得比其他一万人好?在前五章中,我们将讨论这些问题。说到底,除非你懂得如何发现、命名和发展你的自身优势,否则你是不可能领导一场优势革命的。

# 两百万访谈

*“盖洛普采访什么人来了解人的优势？”*

设想一下，如果你能采访两百万人的优势，你会了解到什么。设想你在采访世界顶级教师，问他们如何面对孩子把枯燥无味的课程讲得引人入胜；如何与那么多性格各异的孩子建立如此亲密无间的关系；如何使课堂既妙趣横生，又秩序井然。设想你问他们做过的千百件事，那些事使他们在本职工作上出类拔萃。

然后设想一下，如果你用同样的方式采访世界顶级医生、销售经理、律师(真的，律师也有好的)、职业篮球运动员、股票经纪人、会计师、旅馆清洁工、领袖、士兵、护士、牧师、系统工程师和公司总裁，你会了解到什么。设想所有这些问题，特别是所有那些生气勃勃的回答。

盖洛普公司在过去 30 年中系统地研究了各行各业的优秀业绩。这并不是一次规模空前的民意测验。每个访谈(根据最新统计，共达两百多万个，其中包括《首先，打破一切常规》一书中提及的 8 万名经理)都采用与上述相似的开放题。我们想听这些顶级人物用自己的语言描述他们在做的事情。

在这些各不相同的职业中，我们发现了五彩缤纷、千差万别的知识、技能和才干。但是正如你可能猜到的，我们很快就开始发现规律。我们不断观察和倾听。久而久之，我们从无比丰富的访谈回答中提炼出 34 个模式，或我们所谓的“主题”。**这 34 个主**

**题代表了人类才干的最普遍的模式**。我们的研究表明,这 34 个主题通过变幻无穷的组合能对优秀业绩作出最广泛而有效的解释。

这 34 个主题并不能捕捉每一种个性特点——面对世上无穷尽的个性差异,我们不能说这样的大话。所以,我们不妨将这 34 个主题比作钢琴上的 88 个键。这 88 个键并不能奏出所有可能被奏出的音符,但是它们的无穷组合却能捕捉从经典的莫扎特到经典的麦当娜的所有旋律。34 个主题也是如此。只要配以洞察和理解,它们就能捕捉贯穿每个人生的独特主题。

为了最有效地帮助你,我们向你提供一种方法,根据 34 个主题进行自我测量。我们要你在读完第三章后抽时间做一次被称为"优势识别器"的测试。该测试已经上网,能迅速报告你的五大才干主题,即你的标志主题。这些标志主题是你的最强大的优势源泉。如果你想了解你的员工、家人或朋友的主题,你可以阅读第四章,逐一了解 34 个主题的定义。但你首先应关注的是你自身。通过识别和完善这些标志主题,你将处在最佳位置,继而最充分地发挥你的优势。

当你研究自已的五大主题,并思考如何运用你的所学时,务必铭记:生活的真正悲剧并不在于我们每个人都没有足够的优势,而在于我们未能使用我们拥有的优势。本杰明·富兰克林把浪费的优势称为"阴影里的日晷"。如你所见,我们写本书的一大动力就是有太多的组织、太多的团队和太多的个人不自觉地把他们的"日晷"藏在"阴影中"。

我们希望这本书和你的阅读经历能给你以启示,继而帮助你发挥你的优势。

# I

# 解剖优势

# 第一章

# 辉煌人生

投资家，局长，皮肤病医生和编辑

泰格·伍兹，比尔·盖茨和科尔·波特

三个革命工具

# 投资家,局长,皮肤病医生和编辑

*"辉煌人生什么样?"*

辉煌人生什么样?如果一个人根据其自身优势成功发展事业,会是什么样?让我们来看看几个成功的例子。

* * *

"我和你们当中的每个人其实没什么不一样。"

沃伦·巴菲特对坐满一屋子的内布拉斯加大学的学生们说,像往常一样平易近人,不修边幅。鉴于他是世界顶级富豪,而大部分学生连付电话费都觉得费劲,他们开始发笑。

"我可能比你们钱多,但是钱并非差别所在。不错,我买得起最高级的手缝西服,但我一穿上身,却毫无高贵感。我情愿吃一块 Dairy Queen 的芝士汉堡,而不吃 100 美元一份的大餐。"学生们对此将信将疑。于是巴菲特让一步:"如果你们和我有任何不同的话,那就是我每天起床后都有机会做我最爱做的事,天天如此。如果你们想从我这里学什么,这就是我对你们的最好忠告。"

乍听起来,这就像一个刚赚了第一笔 10 亿美元的人对别人信口胡诌。但是巴菲特是诚恳的。他热爱他的职业,并笃信他之所以成为如雷贯耳的世界顶级投资家，是因为他能够开辟一份能充分发挥其特有优势的工作。

出人意料的是，他的优势与你所想象的成功投资者并不相同。如今的全球市场瞬息万变,空前复杂,且不受道德约束。因此,你可能认为,最适合这种环境的人雷厉风行,善于思辨和在复杂的市场中识别规律,并且本能地防范每个人的动机。

巴菲特与所有这些优势均无缘。了解他的人公认他是一个耐心的人。他并不善于思辨,而更爱作实际的思考。他往往对别人的动机深信不疑,而并不防范。既然如此,他是如何发达的?

一如许多功成名就的人，他找到了一种方式来加强他的现有优势,并加以运用。例如,他将自己的天生耐性化为其久负盛名的“20 年展望”。据此,他惟有对一家公司未来 20 年的发展有充分把握时才对其投资。他的注重实际的思维方式使他对形形色色的投资“理论”和市场大趋势充满怀疑。如他在 Berkshire Hathaway 公司的年度报告中所言，“股票预言家的惟一功效就是使算命先生脸上有光”。于是,他下决心只对那些他能直觉地理解其产品和服务的公司投资，例如，Dairy Queen，可口可乐公司和华盛顿邮报公司。

最后,他还巧妙地运用了他对别人的信任,首先谨慎审选他所投资的公司的高层经理,然后退避三舍,放手让他们进行日常管理。

自从沃伦·巴菲特 1956 年用 100 美元建立他的第一个投资合伙公司以来,他就一直在运用这种耐心、实际和信任的经营风格。他不断改进和完善它,抵御改弦更张的强烈诱惑而固守一定之规(不要忘记,他既没有向微软也没有向互联网投资,因为他不觉得自己能精确预测高技术 20 年后的走向)。他与众不同的风格便是他专业成功的秘诀,并且据他本人所言,也是他个人幸福的秘诀。他之所以成为一名世界级的投资家,是因为他有意识地发挥自身优势;同样,他之所以喜爱自己的职业,也是因为他有意识地发挥自身优势。

在这个意义上——或许仅仅在这个意义上——沃伦·巴菲特是对的。他与我们并无不同。一如我们每个人,他以自己的独特方式对周围世界作出反应。他如何处理风险,如何与人交往,如何作出决定,如何获得满足——这一切无一偶然。它们合而形成了一种独一无二的模式。这种模式经久不变,以至于他的家人和密友能回忆起半世纪前内布拉斯加州奥马哈市校园里的早期痕迹。

巴菲特的与众不同之处在于他利用这一模式所做的事情。首先,他意识到它的存在。而我们许多人似乎连这一步都迈不出去。其次,并且最重要的是,他并未下苦功克服弱点。他的行动恰恰相反:他识别自身行为模式中的强项,注入教育和经验,继而将它们发展为我们今日所见的强大优势。

我们之所以举沃伦·巴菲特的例子,不仅是因为他富甲天下,而且因为他想明白的道理对我们所有人都有现实的启示。反躬自问,努力发现你的顶级强项,通过实践和学习予以加强,然后寻找,或像他那样,开辟一项每天都离不开这些优势的工作。你若照此行动,就会更有效率,更有成就感,更成功。

当然,认识到根据自身优势发展事业的威力,并非巴菲特一人。但凡你采访在各自领域出类拔萃的成功人士,无论是教师、电话营销员、演员还是会计师,你都会发现他们成功的秘诀在于发现自身优势,并合理安排生活来发挥优势。

帕姆·D是某个城区大县的卫生和社会服务局长。该县可谓巨大无比,其预算超过20个州。她目前的任务是制定并实施一项针对全县老年居民的综合服务计划。不幸的是,鉴于无论是该县还是全国,从未像现在这样有这么多老年人需要这么多的服务,她没有蓝图可以借鉴。你可能会认为,帕姆要完成这项任务,必须具备战略思维的才干,或至少善于分析和计划细节。然而,虽然她深知其重要性,但这些并非她所长。

事实上，她的行为模式中最突出的两大强项分别是鼓动员工和落实行动。一如巴菲特,她并没有对自己的强项熟视无睹,转而下功夫克服弱点。相反,她为自己设计了一种工作模式,使她能够大部分时间发挥现有优势。她的惯常做法是,首先,确定当天就能付诸行动的可行目标,立即行动;其次,寻找机会向她所领导的数千员工讲述他们崇高的工作目的;第三,外聘一名顾问来完成正式的政策规划。如此,当她和她的团队全力推进时,她的顾问随后跟进,将她的行动纳入"战略计划"。

迄今一切进展顺利。她全线出击,战果辉煌。她成功地从私人企业夺得大宗服务合同,威名大振。

谢丽·S用相同的方式来根据自身优势发展事业。谢丽现在是一名成功的医生，但多年前她在医学院当学生时曾发现过一个令人不安的问题:她不愿与病人在一起。鉴于医生讨厌病人就像投资家讨厌风险一样不可思议，她开始怀疑自己的职业选择。然而,她并未终日哀叹自己决策失误,而是反思自己的思维和情感模式,并逐渐认识到:她的确喜欢帮助人,只不过不是重病人;她对成就有不懈的追求,并且惟有在见到有形和稳定的进步时,才获得最大的满足;如果她选择皮肤科,这两个特有模式将会发挥空前威力。

现在,作为一名皮肤科医生,她每天都能发挥优势。她的病人很少病入膏肓;他们的病症暴露在外,同样,他们的康复进程有目共睹。

相比之下,保拉·L发挥自身优势,并不需要改弦易辙。相反,一如巴菲特,尽管有无数中途改道的动人诱惑,她却始终固守自己的已知优势。保拉是一家世界名牌妇女杂志的执行编辑。由于地位显赫,经常抛头露面,许多杂志邀请她当主编。毋庸讳言,她为此颇为得意,但她仍选择继续当执行编辑。

为什么?因为她深知,她的一大主题是她的思辨和创造能力。多年以来,她将这一主题发展为一种超凡的优势,使她成为一名出类拔萃的执行编辑,与作家和助理编辑密切协作,修改和完善稿件,使杂志始终保持其鲜明特色。如果出任一家杂志的主编,她就没有那么多机会做这些事,而会整天忙于各种公关应酬,并迎合公众的要求,从穿衣戴帽到交友和爱好,处处充当杂志的形象大使。她深知自己会对此种众目睽睽下的生活深恶痛绝,所以她固守自己的优势路径。

与沃伦·巴菲特一样,所有这些人的特殊之处在于他们认识到自身某些贯穿始终的行为模式,并设法将其化为真正的能够产生效益的优势。

# 泰格·伍兹，<br>比尔·盖茨和科尔·波特

*“优势是什么？”*

为避免误解，让我们说明“优势”究竟是什么。本书通篇使用的“优势”一词有一个十分具体的定义：做某件事的持续的近乎完美的表现。根据此定义，帕姆的准确决策和根据其所在机构的共同目标动员部下的能力是优势；谢丽热爱诊断和治疗皮肤病是一种优势；保拉根据其所在杂志的定位产生和提炼稿件创意的能力也是一种优势。

我们还可以举一些名人的例子。泰格·伍兹超凡的长射是一种优势，还有他的进洞技术。而与其他顶级专业球手相比，他的障碍技能平平（泰格在职业高尔夫协会巡回赛的“沙坑救球”上仅列第61)，所以不算优势。

在商界，比尔·盖茨接手一项发明，然后将其转化为便于用户操作的产品的天才是一种优势，但与史蒂夫·巴尔默相比，面对法律逆境和商业竞争时，他在维持和发展企业上并无优势。

在艺术界，科尔·波特创作完美歌词的能力是一种优势。但他在描述可信的人物和情节方面不具优势。

通过这样界定优势，即做某件事的持续的近乎完美的表现，

我们就揭示了辉煌人生的三大原则。

第一,若想使某件事成为你的优势,你就必须能始终如一地做好它。这意味着,它将成为你的一种可以预测的表现。你偶尔会挥竿打出一个令泰格·伍兹称羡的妙球,但除非你能重复此举无数次,否则我们就不能称其为优势。而且你必须从做这件事中得到某种油然的满足。谢丽无疑有足够的智商,能成为任何专科的医生,但皮肤科成为她的优势,是因为她特别为之振奋。相比之下,比尔·盖茨完全有能力实施微软的战略,但正如他本人所言,担当此任使他精疲力竭,所以这一能力并非优势。什么是优势的试金石?惟有在你反复地、愉快地和成功地做一件事时,你的能力才算得上是优势。

第二,你为了把某件事做得出类拔萃,并不需要具备方方面面的优势。帕姆并不是干她这一行的最佳人选,谢丽也不是。上述所有的人都不是百分之百地适合他们的角色。他们没有一个人具备"点石成金之手"。他们只不过在不遗余力地打好手中的牌。多少年来,人们想当然地认为,能人巧匠一定样样精通。我们希望在本书中打破这一神话。我们研究的能人巧匠很少样样精通,相反,他们靠的是一招鲜。

第三,你的成功之道在于最大限度地发挥优势,而不是克服弱点。这并不等于"无视你的弱点"。上述人士并没有无视其弱点。相反,他们采取远为有效的做法,设法控制弱点,继而腾出手来把自身优势磨砺得更加犀利。他们的具体做法各有不同。帕姆通过外聘一名顾问起草战略计划来解放自己;比尔·盖茨的做法相似,他挑选了一名合作者史蒂夫·巴尔默来管理公司,从而回归自己最在行的软件开发;皮肤病医生谢丽干脆放弃她讨厌的分科;杂志编辑帕拉则谢绝了其他的工作邀请。

泰格·伍兹的处境略为艰难。他无法逃避自己的障碍技术有待改进这一事实,因而像我们许多人一样,被迫进行损控。为防止这一弱点削弱他的诸多优势，他进行了适可而止的努力。而一旦他的障碍技术达到足够水准，他和他的教练布奇·哈蒙就把注意力转到他们最具独创性的重点工作：改进和完善泰格盖世无双的挥竿优势。

他们当中，科尔·波特为控制自身弱点，采取了最大胆，并且在有的人看来是最有风险的策略。他认定，如果他不断完善自己写歌词的优势，不用多久，即使他笔下的情节依然苍白，人物仍然生硬，观众也不会在意。他的优势将掩盖弱点。今天，许多人会同意，他的策略已经如愿以偿。如果你能写出像他那样美仑美奂的歌词，谁来唱和为什么唱就几乎无关紧要了。

上述每个人之所以在彼此截然不同的领域中获得了成功和满足，是因为他们都刻意发挥其自身优势。我们希望你如法炮制——**发挥你的优势**，无论什么优势；**控制你的弱点**，无论什么弱点。

# 三个革命工具

*“你需要什么来建立优势人生？”*

我们的忠告:“发挥你的优势和控制你的弱点”,本身不难把握。但可能正如你的经验所示,将其付诸行动却非易事。建立辉煌人生毕竟是一件始终充满挑战的任务,涉及诸多变量:你的自我意识,你的成熟度,你的机会,你身边的人,以及你无法躲避的人,等等。为避免误解,我们必须说明本书对你建立基于优势的全新自我形象能提供什么,不能提供什么。

我们无法向你展示你的最终形象:鉴于我们每个人从不定型,即使我们这么做,图象也会迅即过时。我们也无法告诉你如何学习。正如你所确知,采取行动,思考后果,然后总结经验,这一切始终是你的责任,其他人谁也不能越俎代庖。

然而,我们的确能向你提供三个建立辉煌人生的革命工具:

1. **第一个革命工具是学会如何区别你的天生优势与你能够学会的东西。**我们已将优势定义为做某件事的持续的近乎完美的表现。那么,你如何达到这一目标呢?你是只要不懈努力,就能把任何一件事做得近乎完美,还是必须具备某种天生优势,才能作出近乎完美的表现呢?

如果你为了建立一个时刻准备全力帮助你的朋友网而苦苦挣扎,你能指望靠不断实践而成为一名建网好手吗?如果你对预测未来感到为难,你能学会设计完美无缺的战略吗?如果你经常发现自己在别人面前不敢据理力争,你能靠自我约束和实践而使别人口服心服吗?

问题不在于你做这些事能否有所改进。答案无疑是肯定的。人是适应性很强的动物,只要对我们足够重要,我们做任何事总能有所改进。问题在于你单靠实践能否持续地、近乎完美地做好这些事。对此的回答是:“不能。百炼未必成钢。”无论做什么事,要想建立优势,必须具备某种天生才干。

这就提出了一些需要认真对待的问题。才干与优势有什么区别?建网、谋略或说服的优势中哪些方面可以学会,哪些方面与生俱来?在建立一种优势的过程中,技能、知识、经验和自我意识各起什么作用?如果你不知道如何解答这些问题,你就可能为学习一些横竖学不会的优势而浪费大量时间,或反过来,过早放弃你实际具备的优势。

为了回答这些问题,你需要一种简便的方法,来区分什么是与生俱来,什么可以在实践中学会。下一章中,我们将介绍一种实用的区分方法。具体而言,我们向你介绍三个精确定义的名词:

◎**才干(talents)**是你油然产生并贯穿始终的思维、感觉或行为模式。优势识别器所评测的便是你的各种才干主题。

◎**知识(knowledge)**由所学的事实和课程组成。

◎**技能(skills)**是做一件事的步骤。

这三者——才干、知识和技能——合在一起就构成了你的优势。

例如,受到陌生人吸引并欣然与之交往是一种才干(本书第四章将其定义为“取悦”主题);而善于建立一个由熟知并时刻准备帮助你的人组成的关系网是一种优势,为建立这一优势,你用技能和知识完善了你的天生才干。同样,据理力争是一种才干(本书第四章将其定义为“统率”);而成功销售的能力是一种优势。为了说服别人买你的产品,你必须将你的才干与产品知识和某些销售技巧相结合。

虽然三者作为原料对建立优势都十分重要,但其中最重要的是才干。你的才干是先天的(我们将在下章中说明为什么),而技能和知识能通过学习和实践而获得。例如,作为一名销售员,你能够学会如何介绍你的产品特性(知识),甚至能学会问恰如其分的开放题来了解每个潜在客户的需求(一种技能),但是你永远不可能学会如何在恰到好处的时刻以恰到好处的方式推动这位潜在客户掏钱购买。后者是才干(本书第四章将其定义为“统率”和“个别”)。

虽然有时可能不获得所需知识和技能就能建立一种优势——有的人是“天生”的销售员,虽然对产品所知寥寥,仅凭其如簧之舌就足以说服客户购买——但缺少必需的才干是决不可能建立优势的。在多种工作中,你都能够获得必需的技能和知识,直到你能基本胜任,但无论什么工作,如果你缺乏必需的才干,你就决不可能作出持续的近乎完美的表现。

因此,建立一种货真价实的优势的关键在于识别你的核心才干,然后用知识和技能使之精益求精。

不要忘记,许多人并不理解什么是才干,更不必说**他们的**才干。他们认定,只要下功夫,什么都能学会。他们不是积极寻求知识和技能来加强自身才干。相反,他们落入陷阱,力图获得尽可能多的知识和技能,磨光棱角,以求获得面面俱到的全能发展。

为了建立优势,你必须避免这一陷阱。不要盲目参加领导技巧、倾听技巧、体谅技巧、演说技巧、决断技巧或其他各种用心良苦的培训，然后指望脱胎换骨。除非你具备必需的才干，否则你的进步将十分有限。你将本末倒置地下大力损控，而忽视真正的发展。而鉴于你投资自我的时间有限，你必须判定，一味损控能否给你最佳回报。

我们建议你深入了解知识、技能和才干。学会将它们相互区别。识别你的主导才干，然后有针对性地获得相应的知识和技能，继而将它们转化为优势。

2. **第二个革命工具是一个帮助你识别自身主导才干的系统。**有一种万无一失的方法能帮助你识别自身最大的优势潜能：后退一步，仔细观察一下你自己。尝试做一件事，看你学得有多快，看你是不是迅速跳过循序渐进的学习过程，无师自通地发明绝招。看你是不是走火入魔，废寝忘食。如果几个月下来，这一切都没有发生，就换一件事，再作自我观察——如此往复。久而久之，你的主导才干就会脱颖而出。于是，你就能将其不断完善，直至形成强大优势。

或许学校就该这么办：刻意寻找一个孩子最具潜力的领域。或许工作就该这么干：主动研究如何使每个员工的工作接近国际一流水准。遗憾的是，无论学校还是工作单位，在这方面做得均不尽如人意。它们都在忙于传授知识和技术补缺，而无暇顾及增强才干意识。于是这项重任便落到你个人身上，你必须亲自负责寻找自身才干。

第四章介绍的优势识别器意在帮助你识别自身主导才干。它并不试图面面俱到地描述你，或给你贴这样那样的标签，说明哪里强，哪里弱。我们每个人都复杂无比，不可能如此简单地归类。优势识别器的目的更为鲜明，它的作用在于揭示你的五大主题或才干。这些主题或许尚未成为优势，它们是你最具潜力的领域，在这里你最有可能发展世界一流的优势。优势识别器将昭示它们的存在，但能否开花结果，全在你自己。

3. **第三个革命工具是一种用来描述你自身才干的统一语言**。我们需要借助于一种新的语言来解释我们在自己和别人身上看到的优势。这一语言必须十分精确，能描述个人之间的细微差别；它必须是积极的，帮助我们解释**优势**，而不是弱点；它还必须是统一的，是我们都能流利使用的。如此，无论我们的身份和背景如何，当有人说"马库斯体现'统率'"，或"唐纳德展露'成就'"时，我们都能明白。

我们为什么需要这一新的语言？原因很简单：现有语言不足以应对我们所面临的挑战。

描述人类弱点的语言可谓丰富多采。诸如神经质(neurosis)，精神变态（psychosis)，抑郁（depression)，躁狂(mania)，歇斯底里（hysteria)，恐慌（panic attacks）和精神分裂(schizophrenia)等术语，定义分明，不易混淆。精神病专家对这些术语之间的区别了如指掌，在诊断和制定治疗方案时予以充分考虑。说真的，描述人类弱点的语言几乎家喻户晓，以至于大部分外行往往都能用得颇为准确。

相比之下，描述人类优势的语言却苍白无力。到底有多苍白呢？听听几个人事经理如何描述某职位的三名求职者的各自优点，你就会明白了。你可能先听到一些大而化之的评论，例如"我喜欢她的人际技能"或"他看起来动力充沛"，但没过多久，话题就转向求职者各自的背景比较，如所受教育和工作经验等。我们并不是故意拿人事经理开刀。如果你能听到高层经理议论这三人，就会发现内容大同小异。不仅如此，如果要这三位求职者本人描述其自身优势，他们很可能也会先作一番大而化之的开场白，然后津津乐道其教育背景和工作经历。

可悲的事实是，现有的描述人类优势的语言充其量是非常初级的。以“人际技能”一词为例。如果你说两个人都有“人际技能”,你对他俩究竟有什么了解呢？他俩似乎都善于处理人际关系,但除此之外,你所知寥寥。例如,你不知道,一个人善于在结识新人后建立相互信任的关系，而另一人最擅长的是结交活动本身。这两种能力均与人有关,但它们显然不属同类。然而这一不同有其现实意义。无论其经验或教育背景如何,你一般不会向信任关系专家和关系网专家分配相同的工作；不会期望他们以相同的方式与顾客或同事交往；不会期望他们从工作中获得相同的满足;也不会对他们实施相同的管理。鉴于所有这些变量合而决定每个人的业绩,了解谁天生善于建立信任关系,谁喜欢编织关系网就可能事关成败。在这种形势下,“人际技能”这个词对你的帮助是十分有限的。

遗憾的是,就大部分描述人类优势的语言而言,这种情况是普遍现象。“动力充沛”究竟什么含义?是说那人受到一种内在的成就需求的驱动,以至于无论你如何管理,她都会忘我工作？还是说她需要你对她提出高要求，然后她才能鼓足干劲超越它?“善于战略思维”是什么含义?是说他善于抽象思考,喜爱理论?还是说他善于分析,喜爱证据?还有,什么是“销售技巧”?有技巧的人如何完成销售,是靠单刀直入,花言巧语,逻辑说服,还是靠为产品高唱赞歌?如果你想根据客户特点选派合适的销售员,就必须关注这些不同。

也许你明知“销售技巧”、“战略思维”、“人际技能”和“动力充沛”的确切含义。但你周围的其他人呢？他们可能使用相同的词汇,却赋予其截然不同的含义。还有什么比这更糟的误导？你跟人谈完话,以为彼此心领神会,殊不知你俩根本语言不通。

令人不解的是，即便我们对某种明显的行为模式有约定俗成的精确词汇，我们的常用词往往有一种负面寓意。还记得帕姆,那位迫不及待地要行动的卫生和社会服务局长吗?她急躁而冲动。

如何描述乱中求序的天才人物? 肛门期。

如何描述追求卓越的人? 自大狂。

如何描述有先见之明,总在问“万一,会怎样”的人? 焦虑症。

无论你从什么角度看, 我们都没有一种足够丰富的语言来描述我们周围多姿多彩的人类才干。

在第四章中,我们将介绍才干的34个主题。毋庸讳言,它们并非描述行为模式的惟一词汇,但根据我们对优秀业绩的研究,它们的确捕捉了最常见的模式。这34个主题便成为我们描述人类才干、继而解释人类优势的语言。我们将它们介绍给你,继而帮助你揭示你自身及你周围人身上最闪光的才干。

第二章

# 发展优势

他始终那么棒吗?

知识和技能

才干

# 他始终那么棒吗?

*“科林·鲍威尔在优势上给我们什么启示?”*

最近,科林·鲍威尔将军应邀对盖洛普公司的1,000名负责人作了一场讲演。鲍威尔将军声名显赫,几乎到了令人无可奈何的程度。我们知道他是前国家安全顾问,参谋长联席会议主席,沙漠盾牌和沙漠风暴行动的北约总司令,并且,根据近10年全球民意测验结果,是世界最受尊敬的十大领导人之一。毋庸讳言,我们的期望值甚高。主持人作了恰如其分的热情介绍后,他健步登台。此时,我们当中好些人心中嘀咕,他果真像履历上说的那样棒吗?

演说结束时,我们产生了新的问题:“他始终那么棒吗?”鲍威尔将军用了短短一小时向公众证明他是一个演说奇才。他把我们引入罗纳德·里根总统椭圆形办公室里发生的政治秘史。他把我们带入克林姆林宫,坐在米哈依尔·戈尔巴乔夫对面,听他用这样一句话宣布改革:“将军,你们该另找一个敌人了。”他把我们领到电话机边,等待诺曼·施瓦茨科夫将军报告沙漠风暴第一批空袭的结果。他娓娓道来,既没有政客的老生常谈,也没有教士的生硬劝戒;既没有固定框架,也不用讲稿。他不过是在讲几个故事。而他一边讲着,这些故事一边神不知鬼不觉地串在一起,形成了一篇关于领导术和人品的专论。他把简要的寓意传达得天衣无缝。

这样的优势的确让人惶恐。对听众而言,将军的表现远非常规分析所能解释。我们不会问:“他的本事是哪儿学的?”因为无论祝词经典还是戴尔·卡内基[1]显然都与他的表现无关。相反,我们想知道:“这本事来自何处?”仿佛鲍威尔将军的表现并非其本人所为,而是至善至美地从他身上油然流过。

所有的优势都有这种特点。如果你在一幅莫奈的作品前伫立片刻,就会觉得一切浑然天成,犹如画了一个圆。你不会想到艺术家试探着起步,画到中途又匆匆涂改,直到最后一笔而大功告成。你对作品的体验是整体的,一气呵成,完美无缺。

优势并不是惟有变成艺术才令人敬畏。任何近乎完美的表现都能产生相同的震撼。如果一位朋友恰到好处地讲起一个令人捧腹的笑话,你就会啧啧称奇:“他哪来的这一手?”如果一名同事写给客户一封既开门见山,又妙趣横生的信,你也会问同样的问题。

我们对优势五体投地,不仅因为它“近乎完美”,而且因为它“持之以恒”。卡尔·里普肯连续打了2,216场垒球比赛。他是怎么做到的?迪斯尼乐园的顶级清洁工之一贝蒂纳·K在同一家饭店清扫同一层房间长达21年。她是怎么坚持不懈的?在查理斯·舒尔茨2000年2月去世前,他连续41年画同一组卡通连环画《花生仁》。他又是怎么做到的?

无论问题是“他怎么做得这么好”,还是“他怎么做得这么长”,任何持之以恒、近乎完美的表现似乎都难以置信,无法分析。当然,优势并不是完美无缺的。每个人的优势都是**创造**出来的——由一些十分特殊的原材料研制而成。你可以通过实践和学习,来获得一些原材料,即你的知识和技能;而另一些原材料,即你的才干,你只能不断磨砺。

---

1. 戴尔·卡内基(Dale Carnegie):1888—1955,美国作家和演说家,著有《演说的艺术》。(译者)

# 知识和技能

*“你能改变自己的哪些方面？”*

## 知识

“知识”的精确定义经受了成百上千年的哲学进攻，而我们不想参加这场混战。我们情愿绕过去。**为了发展你的优势**，我们只需指出，有两种定义分明的知识，它们你都需要；并且，所幸的是，都能后天获得。

首先，你需要事实类知识，即内容。例如，当你开始学习一种语言时，事实类知识就是词汇。你必须弄懂每个词的含义，舍此就不可能说这种语言。同样，销售员必须花时间了解他们的产品特点；移动电话顾客服务代表必须了解每一种资费方案的优点；飞行员必须了解呼叫信号协议；护士必须熟知每个疗程究竟需要多少奴佛卡因。

这样的事实类知识虽然不能保证业绩优越，却是获得优越业绩所不可或缺的。因此，无论你的技能或才干如何，你如果不知道红绿颜料混合后是棕色，就永远不能成为画家。同样，无论你多么善于创造，如果不知道红绿光混合后不是棕色，你就不可能成为优秀的灯光设计师，因为红绿光混合后变成黄光。

事实类知识帮助你入门。

第二种知识是经验型的,既不能在教室里教授,也不能在手册中找到。相反,它需要你刻意在实践中积累和保持。

它有一部分是实际的。例如,卡迪·M是一名电视制片人,参与制作一个晨播节目。起初,她费尽心思,总不能把两分钟的段子做得既一目了然,又发人深省。后来,她逐渐意识到,她忽视了新闻报道的头条原则:时刻布置舞台。无论节目的其他部分多么别出心裁,如果观众不能马上知道他们眼前是谁和为什么是他/她,他们很快就会换台。

由吉姆·卡里主演的《登月人》(Man on the Moon)一片讲述了喜剧演员安迪·考夫曼的故事。安迪对布置舞台的重要性获得了相同的感悟。他刚出道时,尝试扮演两个角色:一个是友善、天真而直率的“老外”;另一个是猫王的变形。两者都能逗观众笑几声,但都不出彩。原因何在?安迪后来说:“在大学演出时,我发现如果我先演猫王,观众就不接受。他们觉得被冒犯了。他们会退场。‘他算啥?以为自己是美男子吗?’我意识到,初演了几场后,我失去了与生俱来的天真。我想,如果我演‘老外’,就会显得更天真……于是我尝试新招。全场我都演‘老外’,到了猫王的部分时,我带着浓重的口音说:‘现在我要演那个猫王喽。’”观众们捧腹大笑;安迪知道这一招用对了。

这两个例子讲的都是如何编排演出,但是正如你会想到的,经验类知识有无数形式。销售员发现,她完成的第一次和最重要的销售不是针对潜在客户,而是他的助手。营销主管注意到,如果你的销售对象是母亲们,广播广告远比电视广告有效,因为忙于家务的主妇往往听收音机多于看电视。这两个人都获得了一些重要的知识,继而得以改进业绩。

每一种环境都提供学习的机会。显然,为了发展你的优势,你必须时刻关注这些机会,并将它们纳入你的业绩。

另一些经验类知识比较抽象。举两个最明显的例子:你的价值观念和自我意识。如果你想增强你的优势,就必须不断研磨它们,久而久之,两者都能发展成熟。事实上,当我们说,“张三或李四变了”,我们并不是说他的个人秉性改变了,而是他的价值体系或自我意识改变了。

查尔斯·科尔森是理查德·尼克松总统的特别顾问。愚忠使他为保护总统而犯罪,最后锒铛入狱。今天,他成为一名重获新生的基督徒。他变了吗?威尼弗雷德·加拉格尔在她所著《本性难移》(Just the Way You Are)一书中回答:“查尔斯·科尔森和尼克松在一起时,连他的祖母都会杀。但他后来脱胎换骨了。他动感情和好冲动的脾性很可能丝毫未改,但他现在的敌人和朋友都变了。他本性未移,只是用相同的激情做不同的事。一个人介入生活的方式可能不会大变,但一个人的生活焦点则会……”

环顾四周,我们到处可以见到人们通过改变其价值观而改变其生活焦点的例子:索尔在去大马士革的路上皈依基督教;名誉扫地的英国内阁大臣约翰·普罗富莫和美国垃圾债券大王迈克尔·米尔肯从事慈善活动;臭名昭著的摇滚歌星奥兹·奥斯本维护动物权力;希特勒的建筑师奥伯特·斯皮尔忏悔罪行;还有一个最令人惊叹的例子,就是匿名戒酒协会(Alcoholics Anonymous)的成百上千万会员勇敢地摒弃恶习,脱胎换骨。

这些例子是令人鼓舞的,因为它们给我们每个人绝路逢生的希望。尽管如此,我们应铭记在心,这些人并没有改变他们的本性,或根据后续定义,他们的才干。他们不过是将自身才干转用于完全不同和更加积极的目的。因此,我们从这些人身上获得的启示并不是每个人的才干可以任意改变,或只要下苦功,他们就无所不能。相反,对我们的启示是,一如智力,才干是价值中性的。如果你想改变生活方式,用你的优势为别人造福,那你就应改变你的价值观,而不应枉费心机地试图改变你的才干。

这一道理同样适用于自我意识。随着年龄增长，我们每个人都会加深自我意识。这种自知之明对发展优势是至关重要的，因为它帮助我们每个人更好地识别我们的天生才干，并将这些才干发展为优势。不幸的是，这一过程并不总是一帆风顺。我们当中有些人虽能精确识别自身才干，却盼望用其他才干来代替。一如《莫扎特》(Amadeus)一片中莫扎特的对手塞利尔里，尽管我们百般努力，却无法由内而外地变出新的才干，并因此而怨天尤人。当我们陷入这种情绪时，我们天天没好气。无论我们听多少课，读多少书，我们都会浑身不自在，举步维艰，一筹莫展。如果你发现自己正在做的事有悖于你的本性，个中滋味一定很难受。

也许你会恍然大悟："我本不该干销售。因为我讨厌打扰别人。"或："我不是当经理的材料！我情愿自己闷头干活，而不去管别人。"于是，我们回到自己的优势道路。朋友们看到好兆头——不仅效率提高，而且态度改善——喜出望外。他们会说："嘿，瞧他，变了个人。"

哦，不，实际情况正相反。表面上的脱胎换骨实际上不过是默认一些无法改变的东西——才干。我们不会变。我们只是接受了自身才干，然后据此重新安排生活。我们加深了自我意识。

为了发展你的优势，你需要做同样的事。

## 技能

技能使经验型的知识规范化。这是什么意思？它的意思是，无论一个人从事什么活动，如果他是个聪明人，就会在一定的时刻静下心来，将所有积累的知识归纳为一系列的步骤；只要按照这些步骤去行动，就能创造业绩——未必是优秀业绩，但至少是过得去的业绩。

为了说明这一点，我们不妨再谈谈鲍威尔将军。通过研究鲍威尔将军和其他的演说家,这个聪明人将认识到,高明的演讲人开始时往往会告诉听众他们将说什么内容, 然后他们就把它说出来。结尾时,他们又会提醒听众刚刚讲的内容。如此,这一程序便成为公开演说的基本功:

1. 切记在开始时,告诉听众你将告诉他们什么。
2. 告诉他们。
3. 告诉他们你刚刚告诉他们什么。

只要遵循这些步骤,你就能提高演说技巧。

如果我们的聪明人进一步研究,就会很快发现,一如其他演说家,鲍威尔将军并不是想到哪讲到哪。相反,他事先对自己要讲什么故事一清二楚,并且很可能独自大声地试讲过多次,一边调整词汇、重音和时间。我们的聪明人可能将对此的洞察纳入公开讲演的第二套技能:

1. 写下每一个你觉得有意义的故事、事实或例子。
2. 练习大声讲述,听你自己实际说话的效果。
3. 这些故事将成为你的“珠珠”,就像一条项链的珠珠一样。
4. 你在演说时惟一要做的事,就是按照正确的次序将你的“珠珠”串起来。如此,你的演说就会像平日交谈一样自然而顺畅。
5. 使用 3×5 的卡片或剪报夹, 为你的“项链”增加新的“珠珠”。

技能帮助你避免独自盲目试验, 并把优秀人物的先进经验直接运用于自身的实践。如果你想发展自身优势,无论是销售、营销、财务分析、飞行或治疗,你都必须学习和运用所有的相关技能。

但要当心,技能诱人的功效往往掩盖两大缺陷。其一,技能虽然有助于你完成工作,却不能确保你出类拔萃。如果你学会了公开演说的技能,你的演说水准会比以往有所提高;但如果你缺乏必要的才干,你就永远不可能像鲍威尔将军那么棒。将军有一种天生才干,使他在台上比平时更加妙语连珠。他的头脑过滤器能奇妙地滤掉他所面对的听众,同时源源不断地为他输送更多更好的词汇。如果没有这一才干,你尽可以不折不扣地运用你学得的技能,却仍然不出彩。正如学会一种语言的语法并不能帮助你写出漂亮的文章一样,学会一种技能并不一定导致任何一种活动的完美表现。如果没有必需的才干,学会技能只能保证成活,却不能确保成功。

其二,有一些活动几乎从本质上是无法分解为步骤的。以体谅为例。体谅是一种体会别人情感的才干。你无论多么聪明,能把体谅分解成一系列准确界定的步骤吗?毋庸置疑,体谅正在发生。你在跟某人说话时,发现他在提到一个人的名字时微微停顿了一下。你本能地意识到,他每次提及此人的名字之前都要停顿一下。于是,你打听这个人。他在回答时似乎话格外多,声音有些异样,音量稍微大了一点,口气稍微肯定了一点。就在此时,你恍然大悟:他对此人成见很深。

真正的体谅就像这样——直接、迅即、本能。如果你仔细琢磨,真正的力排众议就像这样,真正的战略思维就像这样,真正的发明创造也就像这样。无论研究者多么聪明,用心多么良苦,他都无法将这些活动分解为事先计划好的步骤。事实上,正如你可能自身经历过的,他的努力很可能使你更加糊涂。

关于技能的底线是:技能有助于传授顶级业绩的秘诀。如果你学会一门技能,它就能帮助你有所进步,但它无法弥补才干的欠缺。相反,当你发展自身优势时,如果技能与真正的才干相结合,那它就是无比宝贵的。

# 才 干

*“你的哪些方面经久不变？”*

我们在前页数次提到“才干”这个词。现在应该充分探讨它的含义。什么是才干？为什么你的才干经久不变和与众不同？为什么你的才干对于发展优势至关重要？让我们一一来回答这些问题。

**什么是才干？**

才干常常被描述为：“一种特殊的天生能力或悟性(aptitude)。”但是为了发展优势的目的，我们建议使用一种更为精确和综合的定义，这一定义来自我们对优秀经理的研究。才干是任何一种贯穿始终、并能产生效益的思维、感觉或行为模式。因此，如果你天生好奇，这是一种才干；如果你好胜，这是一种才干；如果你有魅力，这是一种才干；如果你做事持之以恒，这是一种才干；如果你责任心强，这也是一种才干。**任何**贯穿始终的思维、感觉或行为模式，如果能产生效益，就是一种才干。

根据这一定义，甚至一些表面看来消极的特征如果能产生效益，也能称为才干。顽固不化？如果你所做工作需要你在强大的抵抗面前固执己见——例如销售或出庭律师——那么顽固不化就是一种才干。紧张不安也是如此。如果它促使你扪心自问“万一……怎么办”,继而预防不测和设计应急方案,它就是一种才干。这种情景计划对诸多不同的工作会十分有用。

甚至一些“弱点”,如诵读困难,只要你能用它来产生效益,也是一种才干。戴维·博伊斯患有诵读困难,他是美国政府对微软反垄断一案中的政府律师。正是他在初审证词中,用始终彬彬有礼的质询问得比尔·盖茨无言以对,并通过对政府立场的头头是道的陈述赢得法官的支持。由于诵读困难,他避免使用复杂的长词。他熟知这些词汇的定义,但避而不用它们,因为,正如他在最近一次采访中所言:“我怕自己把它们念错。”所幸的是,他对简单词汇的依赖使他的陈述简明易懂。不仅如此,虽然他并未刻意表演,但他给人一个脚踏实地的老百姓的印象。他讲的大实话在传递这样的信息:“我一点也不比你们懂得多。我只不过在努力调查一个复杂的专题,就像你们一样。”

对戴维·博伊斯来说,诵读困难是一种才干,因为他找到了一种方式来有效地使用这一贯穿始终的模式,并通过将它与知识和技能结合,而转变为一种优势。

这无疑是一个极端而罕见的例子,但它有助于证明一点:你的才干就是你能够用来产生效益的贯穿始终的思维、感觉或行为模式。

**为什么你的才干经久不变和与众不同?**

什么在你身上创造了这些贯穿始终的模式呢?如果你不喜欢现有的模式,你能换一个新模式吗?对这些问题的回答是:

(a)你的模式由你大脑中的联结形成;

(b)到了一定的年龄,你是不能换一个全新的设计的——你的才干是经久不变的。

诸多公司不惜重金实施以纠错补缺为目的的计划，实际上等于试图对人们的大脑重新布线,以求注入体谅、竞争或战略思维。鉴于此,我们有必要解释(b)。所幸的是,(a)解释了(b)。如果你知道你大脑中的线是怎么编织的，你就会明白为什么要重新编织它们是那么难。所以,让我们更仔细地看看(a)。

大脑是一个奇特的器官，因为它似乎是倒着长的。你的肝脏、肾脏和(谢天谢地)皮肤开始时都很小,然后逐渐长大,直至成人。而你的大脑正相反。你的大脑很快就长大,然后开始缩小,直至成人。尤为令人费解的是,随着你的大脑越变越小,你却越变越聪明。

要理解这个本末倒置的器官，秘密在于所谓的“突触”(synapse)。一个突触是两个脑细胞（也称为神经元）之间的联结,其作用是使细胞相互沟通。这些突触就是你的线,你必须了解它们,因为,正如一本神经学教科书所言:“行为取决于大脑神经元之间正常联结的形成。”用通俗的话说,你的突触决定了你的才干。

那么,你的突触联结是如何形成的?母亲怀上你 42 天后,你的大脑经历了一次长达 4 个月的突飞猛进的发育期。说实话,“突飞猛进”这个词还不足以描述这一切的巨大规模。在你生命的第 42 天,你的第一个神经元问世;120 天后,你的神经元总数已经达到 1,000 亿。换言之,你每秒增加 9,500 个新的神经元。然而,当这种爆炸式的增长平息后,神经元上演的大部分戏剧就结束了。你出生时有 1,000 亿个神经元,你到了中年的后期仍只有这么多。

然而，在你的大脑的其他地方，真正的戏剧，突触的戏剧刚刚开始。你出生前 60 天,你的神经元开始相互沟通。每个神经元都向外伸展——实实在在地“伸展”出一个叫做轴突(axon)的索

——力图建立一个联结。每当一个联结成功建立，就形成了一个突触。在你出生后的头3年中，你的神经元建立这样的联结取得了巨大成功。事实上，你到3岁时，你的1,000亿个神经元中的每个神经元都与其他神经元建立了15,000个突触联结。为避免误会，让我们再说一遍，你的1,000亿个神经元中的**每一个**都建立了15,000个联结。你的模式已经编织成型：广博、精细、独特。

但是，一些奇怪的事情接着发生了。不知何故，大自然现在促使你忽视你的大量精心编织的线。一如大部分事物，没人照看的线渐渐破损，你网络中的联结四处崩溃。你对你的精神网络的某些部分麻木不仁，致使几十亿精心建立的突触联结在你3到15岁期间丢失。到你16岁生日那天醒来时，你的网络有一半已化为乌有。

糟糕的是，你无法卷土重来。是的，在你的一生中，你的大脑的确保持了一些早期的可塑性。例如，现在人们发现，学习和记忆需要建立一些新的突触联结；同样，你如果不幸截肢或失明，也需要新的联结来应付困境。然而，就大部分实际目的而言，你的精神网络形式及其强弱不等的各种联结在你十五、六岁后不会有大的改变。

这一切听来十分令人费解。为什么大自然要这么做？为什么它费了这么大的劲建立起一个网络，却听任它的一大部分萎缩和死亡？如同教育家约翰·布鲁尔在《头三年的神话》一书中所言，对这一问题的回答是，就大脑而言，“越少就越多”。不少父母在婴儿床上悬挂黑白的活动物体，并播放莫扎特的光盘，以求刺激孩子大脑的突触联结，但是他们完全错了。并不是你的突触联结越多，你就越聪明或效率越高。相反，你的聪明和效率取决于你能多么有效地运用你最强大的联结。大自然之所以迫使你关闭几十亿个联结，恰恰就是为了使你能够腾出手来开发剩下的联结。丢失联结不仅不值得你担忧,而且它本身就是目的。

开始时,大自然给你的联结远远超过你的需求,这是因为在你出生后的头几年,你需要大量吸收。但是你所做的一切只是吸收,而尚未对周围世界进行理解。你无法理解,因为无比充沛的联结使你从四面八方收到数不胜数的信号,使你无法招架。为了理解你周围的世界,你必须关闭头脑中的部分噪音。在其后的10年中,大自然正要帮助你做这件事。你的遗传基因和童年的早期经历帮助你挑选若干更为顺畅和实用的联结——或许是竞争联结,也可能是好奇联结或战略思维联结。你反复受到这些联结的吸引,继而使它们变得越来越强固。借用一句互联网比喻,它们是你的超高速T1线路。这里的信号响亮而强劲。

与此同时,由于被忽视和弃置不用,位于你的网络其他部分的联结渐渐枯萎。这里一片死寂,不能接受任何信号。例如,如果你最终获得了一条竞争的T1线路,当你看到数字时,就会情不自禁地用它们将你自己的业绩与别人比较。如果你获得一条好奇的T1线路,你就会情不自禁地问为什么。在另一个极端,你或许丢失了大众关注的联结。如此,你就与鲍威尔将军相反,一想到听众们在看着你,就会大脑一片空白。或许你没有体谅的联结,尽管你在理性层面认识到体谅十分重要,但是在实际生活中你却一而再、再而三地对别人发出的信号置之不理。

在显微层面上,你的精神网络既有若干畅通无阻的T1线路,又有许多断裂的联结。正是这一点说明,为什么某些行为和反应对于你"油然而生",而另一些行为和反应则无论你如何拼命努力,都显得生硬和牵强。事情本应如此。如果大自然未能把你的网络精简为少量强固的联结,你就永远不会成人。你将当一辈子儿童,冻结在感官的超载中。

作家乔治·博吉斯想象过这样一个人物。他描述了一个男孩:"他有无限的记忆。所有的事,他都过目不忘:无论过去还是现在的感官经历,都根植在他的记忆中。由于被细节所淹没,无法忘却他所见过的瞬息万变的云彩的形状,他无法形成任何抽象的概念,因而无法思维。”这样一个男孩也无法感受,无法建立任何关系,或作出任何决定。他将缺乏个性、偏好、判断力和激情。他不会有任何才干。

为使你免遭厄运,遗传和养育强化了你的部分联结,同时让其他数十亿的联结枯萎和死亡。于是你就成为你——成为一个有着独特才干的个人,命中注定以你自身贯穿始终的特有方式对外部世界作出反应。

对这种贯穿始终而与众不同的个性,我们许多人可能觉得难以置信。我们的才干来得太容易,以至于我们获得了一种虚假的安全感:难道每个人不像我一样看外部世界吗?难道每个人不急不可耐地要实施项目吗?难道每个人不希望避免冲突,寻找妥协吗?难道每个人看不清,如果我们走这条路,前面有障碍吗?我们感到,自身才干与生俱来,如同常理。在某种意义上,我们情愿认为我们对世界的“理解”就是每个人的“常理”。

然而,事实上,我们的理解根本就不是常理。我们对世界的理解是个性化的。我们的“理解”,我们的贯穿始终的思维、感觉或行为模式来源于我们独特的精神网络。这一网络如同一个过滤器,对我们接触的世界进行整理和过滤,促使我们关注某些刺激,而对其他刺激却完全不予理睬。

为说明这一点,假设你和五个朋友到一家你们常去的餐馆吃晚饭。再假设你有“体谅”的天生才干。于是,在这样的场合,你的精神过滤器促使你关注每个人今晚感觉如何。你对大家笑脸相迎,略加寒暄,然后本能地调整自身频率,一边接收每个人发出的情感信号。你坐在桌旁,环顾四周,情不自禁地——并且,说实话,不费劲地——认定每个人此时所想的事大同小异。

毋庸讳言,事实并非如此。你的一位同伴因为迟到已经致歉,现在正琢磨是否应该自愿买单来赎罪。一如下文所示,这反映了他的“责任”才干。一位则在猜测每个人今晚会点什么菜——这反映了他的“个别”才干。另一位渴望坐到她最要好的朋友身边,以便“好好叙叙”——这是一种建立深层关系的才干,称为“交往”。还有一位在担心,生怕同伴中的两个人会“像上回聚会一样”争起来,于是想尽各种办法将谈话从敏感话题上引开——这是一种建立共识的才干,称为“和谐”。你的最后一位晚餐同伴对这一切都视若不见,而在忙于演练一段他期望一会儿告诉大家的笑话——这是一种用词语传情的才干,称作“沟通”。

五个朋友面对相同的情形,却用与你截然不同的方式过滤外部世界。在社交背景下,这些与众不同的“过滤器”有助于说明为什么你们六个人能聊得这么起劲,为什么每个人在其他人眼中似乎都有些神秘。在工作背景下,每个人的“过滤器”与众不同这一事实有助于说明一些实际的问题。例如,你有没有试图使用简单而易懂的语言去说服一个人接受你对事物的看法,却毫无成功?你一定感到一筹莫展。你告诉他这一切是怎么回事,你一五一十地细细解释,可是他仍我行我素,与你的规劝背道而驰。难道他心不在焉吗?如果他不同意,为什么不说?为什么同一件事,你要对他说个没完呢?

说到此,对于所有这些问题的答案很明显:他并不是心不在焉,或故意抗拒。答案在于他无法通过你的双眼看世界。他的“过滤器”不允许他这么做。他虽然理解你的词句,却看不见你的世界。想象一下如何对一个色盲的人解释紫色,你就能理解那个人遇到了什么情况。无论你对紫色的描述多么声情并茂,他都永远看不到它。

也许这夸大了我们之间的天生区别。很显然,我们并没有因为我们的特性而完全孤立。我们每个人都分享同伴的许多思想和感觉。无论我们成长的文化背景如何,我们每个人都熟悉诸如恐惧、痛苦、羞耻和自豪的情感。麻省理工学院教授史蒂文·平克在他的一本新书《头脑怎样工作?》中描述了一次著名的实验，其结果否定了断言文化背景不同的人个性迥异的观点。几位社会学家向新几内亚高原土著人展示了一些斯坦福大学学生的照片。每张照片都拍了一名学生的面部，每张脸上都有一种十分强烈的表情：快乐、爱慕、恶心或痛苦。社会学家接着请高原土著人说明形成每种面部表情的情感。尽管这些土著人从未见过照片，也不熟悉西方白人的面部特征，但他们都能准确识别每一种情感。

在某种意义上，这是一个令人愉快的发现。它证实了一种看法，即：无论我们的文化传统多么不同，我们的确能够相互交往。然而，诸如此类的发现并未推翻我们关于每个人的“过滤器”都与众不同的论点。人类经验的范围是有一定限度的(如果你没有体验过诸如痛苦、恐惧或羞耻的情感，那你不是不食人间烟火，就是外星人)，但是在这些范围内，却存在着不可忽视的差异和多样性。无论其种族、性别和年龄如何，有的人喜欢压力，有的人拈轻怕重；有的人渴求功名，有的人与世无争；有的人争强好胜，有的人息事宁人。

人与人之间最有趣的差别很少取决于种族、性别或年龄，而取决于每个人的精神网络。作为一名既为自身业绩又为自身事业负责的个人，你必须准确理解自身的精神网络；而作为一名经理，你必须花时间识别你手下每个员工的独特才干。在下一章中，我们将借助才干的一些线索，以及优势识别器本身，来帮助你这样做。但在这之前，我们还需要回答一个最后的问题。

**为什么你的才干对于发展优势如此重要?**

对优势的根本检验在于你能否持久地把一件事做得几乎完美。通过将你的才干定义为你的最牢固的突触联结，我们现在就能理解，为什么在缺乏必需才干的情况下是不可能发展一种优势的。

每天，你在工作中都要作出许多决定。你的才干，你的T1快道，主宰了你的决策过程。在这里，我们所关注的，不是诸如将一家工厂从美国迁往欧洲或把某个人从销售部调至营销部这样的重大决策。我们所关注的是你每天所面临的成千上万个小决定。你坐在办公桌前，面对铺满桌面的一大堆公文。你该从哪里下手呢？是先办你驾轻就熟的案子，还是先解决可能要花你一上午功夫的难题呢？你决定从后者开始。你总是这样。你喜欢先做困难的事。接着，电话响了。你会如何反应？是忙于手头的工作，不予理睬呢，还是马上接听？如果你拿起话筒，你能听出对方的声音吗？你记得他的姓名吗？你会使用什么样的语气？如果他对你提出质问，你是立刻进行自我辩护，还是让他一吐心中的不快？一个接一个，这些小选择源源不断地出现在你面前。

由于无暇对每个细小的决定进行理性思考，你不得不作出下意识的反应。面对这种情形，你的大脑顺应自然地作出应对：它会寻找并跟循阻力最小的路径，即你的才干。一个选择出现了，你立即沿着你的一条T1快道飞驰而下，不等你细想，决定已经作出。又出现一个选择，又一次T1快道飞驰，又一个决定。

这些小决定的总和——就算一天1,000个——就是你当日的业绩。将这个数字乘以5，你就得出你一周的业绩。如果将它乘以240个工作日，你就得出你一年的业绩。大约240,000个决定，并且它们几乎都是由你的才干，即你的突触联结所作出的。

这说明，为什么指望通过教会一个人某种新技能来创造近乎完美的表现，几乎是不可能的。一如上述，当你学习一种技能时，你所学习的只是一种活动的步骤。通过学习，你可能编织一些新的联结，但你**不可能**学会重造你的整个网络。你刚刚获得的新技能或许能影响你的个别决定，将你引向你的一条比较薄弱的联结,但这只是个别现象。由于决定太多,太迅速,你的技能难以完全封闭你的T1快道，并使你的行为发生持久而重大的改变。技能决定你能否做一件事,而才干揭示了更重要的东西:**你能做得多好和多经常去做。**

例如,如果你缺乏体谅的才干,但参加过体谅技能的培训,你现在可能意识到,应时刻关注情感信号,或向你的谈话对象重复你对他所言的理解,继而使他觉得你在“悉心倾听”。然而,当谈话进入高潮时,你的大脑会不断把你引向你的T1快道,而不幸的是,它们并不以体谅见长。于是你本应“谨慎回应”,却随意打断;本应“保持视线接触”,却东张西望。你发现自己在座位上东倒西歪,而本来你应该用肢体语言表示“开放和接受”。偶尔,你的理性思考提醒你停顿片刻，或问一些开放题。但是即使如此,你的停顿往往有点过长,而你的问题往往有点太直言不讳。说到底,尽管你用心良苦,但你的实际表现难免笨拙和反常。你的体谅就像卡拉OK厅的演唱一样牵强。

毋庸赘言,卡拉OK式的体谅也比什么都没有强。如果你对别人的情感毫无意识,继而令你周围所有的人都不快,那么提醒你适时稍作停顿并问一两个开放题可能正是你急需的帮助。问题不在于你应完全放弃弥补弱点的努力，而在于你应正确界定这种努力:它是损控,而不是发展。一如上述,损控能防止失败,却永远也不可能将你提升到卓越。

有人质疑关于16岁以后，你的精神网络已基本定型的观点。他们指出,反复刺激下的成年老鼠和截肢成年人都形成了新的突触联结,继而得出结论,反复培训的确能重构大脑。表面看,他们不无道理。如果把成年老鼠放在一个由各种迷宫、任务和游戏构成的热闹环境中，它们的确要比呆在空笼子里百无聊赖的同伴们形成更多的突触联结。同样,一个被截去一肢的成年人,由于其大脑力图恢复平衡,也会经历某种大脑重构过程。然而,当他们断言，你应积极地通过培训和重复努力而重新设计你的大脑时，他们就是夸大了这些发现的意义。

虽然通过反复学习，你可能建立一些新的联结，但这并不会帮助你创造任何超高速的 T1 线路。如果没有必需的才干，培训是不能创造一种优势的。同样，为了建立新的联结而重复努力只是一种低效的学习方法。正如约翰·布鲁尔在《头三年的神话》一书中所描述的，大自然为你成人后的学习发明了三种方法：不断强化你现有的突触联结（当你用相关的技能和知识完善一种才干时，你就在这样做）；不断丢弃无关紧要的联结（当你专注于你的才干，同时听任其他联结衰亡时，你就在这样做）；或者新建少数联结。三者中最后一种方法是最低效的，因为你的身体必须花费更多的能量，才能创造必需的生理基础（血管、阿尔法整合蛋白等），以便建立这些新的联结。

最后，在缺乏必需才干的情况下重复学习有一大危险：你在取得任何真正进步之前就可能崩溃。要做好任何事情，都需要坚持不懈。为了抵御松懈的诱惑，你需要燃料。你需要从不断进步中获得能量，继而继续进步。不幸的是，当你反复努力，以求修补一个断裂的联结时，结果恰恰相反：它使你能量流失。无论培训设计得多么精心，你的动作都是生硬而破碎的。你一练再练，却难以摆脱造作和不满。由于缺乏心理支撑，你发现越来越难以保持热情。修补一个断裂的联结很快就变成一件吃力不讨好的苦差事。

大部分组织强调弥补弱点，而无视这样做有多么得不偿失。具有讽刺意味的是，新发明的培训技术使情况更糟。当今最先进的培训技术断言，“学习不是一个事件，而是一个过程”，继而强调在培训之后继续对学员提供支持。这种做法惟有在学员具备必需的才干时才是有效的。如果学员缺乏才干，这种培训方法就会适得其反：不仅不能帮助学员持续进步，反而会将他们压垮。

假设有一名员工不善于战略思维，他在公司的鼓励下参加最先进的战略技能培训班。培训结束后几个月内，公司派专人跟着他。这名“教练”观察他开会时的表现，评价他的战略思维，指出他的点滴进步，并为他如何改进薄弱环节而出谋划策。所有这一切意在提供帮助。但是，你能想象还有什么比这更使这位员工讨厌的吗？他的教练整日唠叨的是他遗漏了什么要点，忽视了什么线索，失去了什么联系。每一天，这位员工都变得更迷茫，更沮丧，更不知所措。

如果你反复使用自身才干，就会产生与这种走投无路的困境截然相反的快感。才干不仅使你“情不自禁”，而且使你“感觉良好”。经过大自然的造就，你的最强固的联结使信号双向流动。你的才干导致你以一种特殊方式作出反应，而几乎同时一种快感沿着你的 T1 快道迎面而来。由于这些信号快速地来回流动，你的联结通道仿佛在振荡和轰鸣。这就是使用才干的感觉。

大自然赋予才干一种内在的反馈机制，继而确保你反复使用它们。在某种意义上，才干是自然创造的一种永动机。自然使你以一种贯穿始终的方式对外部世界作出反应，并从中获得一种满足感，继而一而再、再而三，以至无穷地作出同样反应。如此，我们一方面仍然对卡尔·里普肯连打 2,216 场垒球赛，贝蒂纳连续 21 年当清洁工，查理斯·舒尔茨连续 41 年画漫画而备感惊奇，另一方面至少能了解他们从何处获得他们的部分燃料。

* * *

你的才干，你的最强固的突触联结，是培养优势的最重要的原料。识别你最强大的才干，用技能和知识使它如虎添翼。如此，你便迈向辉煌人生。

现在，你一定会问：既然才干对于建立优势如此重要，你如何才能识别自身才干呢?具有讽刺意味的是，鉴于它们影响你作出的每个决定，你与自身才干已经亲密无间。然而，鉴于它们无孔不入，与你的生活浑然一体，你的每个才干的模式又是难以识别的。它们历历在目，却又不见踪影，无可名状。但它们的确留下了蛛丝马迹。正如下文所述，为了明辨你的才干，你必须改变自我观察的方式。惟此，你才能识别这些蛛丝马迹。

# Ⅱ

# 发现你的优势源泉

# 第三章

# 优势识别器

才干的蛛丝马迹

优势识别器测试

# 才干的蛛丝马迹

*“如何识别自身才干？”*

首先，如果你想揭示自身才干，就请关注你对你所遇到的各种情形的**自发的、油然而生的反应**。这些油然而生的反应提供了有关你自身才干的最好线索，它们揭示了牢固精神联结的位置。

凯茜·P是一家电脑软件公司的高级经理，她曾告诉我们一个生动的例子。一次，她飞往多米尼加共和国参加公司的年度销售会议。勉强坐进飞机上的窄小座椅后，她四下打量，看看都有谁和她一起坐这架像玩具一样大的飞机。后排的大个子是公司的总裁布莱德，此人锋芒毕露、固执己见、急不可耐。他前面坐的是埃米，她是全公司的顶级软件设计师，对这一行的细枝末节了如指掌。埃米的对面是马丁，一个爱凑热闹、人见人爱的英国人，他凭借自己四通八达的网络，单枪匹马地将一度陷入困境的欧洲分公司扭亏为盈。当然还有加里，那个索然无味的营销总监，像往常那样钻到了布莱德身边的座位上。

“飞机刚离地，就出了麻烦”，凯茜回忆说。“我们刚飞上云端，突然警报器响了。我原来连飞机上有警报器都不知道。可现在它就像驴一样嚎起来，整个机舱顿时乱了套。主灯全瞎了，红色的应急灯频频闪烁。我感到飞机在几秒钟里一下子掉了上千英尺。慌乱中，我透过开启的驾驶舱门，瞥见两名飞行员面红耳赤地面面相觑。我立即意识到，他们对眼前发生的一切束手无策。

“机舱里有过片刻的静默——我想大家是吓呆了——可接着每个人都抢着说话。埃米探过头来，对我说：‘凯茜，你能看见仪表盘吗？你能看见仪表盘吗？’马丁从他的包里摸出一小瓶Smirnoff酒，半真半假地大喊：‘至少给我最后一杯酒喝！’加里开始在座位上前后摇摆，一边哭丧：‘我们都要死了。我们都要死了。’布莱德立即出现在驾驶舱门前。我直到今天也没有琢磨透他当时是如何从后排挤出来的。但他明明站在那儿，拼尽全力地嘶喊：‘你们这群混蛋到底想干什么？’

“我？我在做什么？”凯茜说。“我想，在看，跟平时一样。可笑的是，飞机根本就没出任何问题。是一个失灵的系统发出了假警报，飞行员慌了神，一推杆，便使飞机直线下降。”

以上极端压力下的种种反应揭示了不同的主导才干，并在某种程度上有助于解释每个人的工作表现。凯茜对人性的敏锐观察无疑帮助她成为成功的管理者。埃米本能地要求精确，她的软件设计天才由此而生。无论发生什么事，马丁总想开玩笑，或许他就靠这一手赢得越来越多的欧洲客户。布莱德天生的指挥欲是他当领导的基础。甚至加里的哭嚎也证实了他的懦弱性格（这不是一个真正的才干，因为很难设想它如何产生效益）。

诚然，这是一个富有戏剧性的例子，表明人们如何在危急时刻原形毕露。但生活中充满了较为平和的时刻，同样能引发具有启示性的反应。

你不妨回忆一下最近的一次聚会，到场的客人多半是陌生人。你大部分时间和谁在一起，是熟人还是陌生人？如果你受到陌生人的吸引，那你就可能天生性格外向。而你的行为很可能反映“取悦”主题,其定义如下章所述,是一种把别人争取过来的需求。反之,如果你刻意寻找最亲密的朋友,整个晚上都与他们在一起,而讨厌陌生人插入,这就是一个清晰的信号,表明你的主导主题之一是“交往”,即天生希望深化现有的关系。

再回忆一下,最近你的一名员工声称孩子得病而不能上班。你的第一个念头是什么?如果你立即关注病孩,询问得了什么病,谁来照料她,就可能说明,你的一个主导的才干主题是“体谅”。但如果你的大脑本能地想到找谁来替代缺席的员工,那么你的一个主导才干很可能是“统筹”,即同时处理诸多变量的能力。

还记得上次你在事实依据不全的情况下做决定吗?如果你喜欢不确定的局面,深信任何行动,即使方向有误,都有助于你审时度势,那你很可能具有“行动”主题,即一种在形势不明时敢于行动的性格倾向。如果你及时打住,待获得更多的事实依据后再行动,那就可能是因为你有“分析”主题。所有这些不假思索的反应都揭示了各不相同的行为模式,因而提供了有关你自身才干的线索。

你的油然而生的反应固然提供了最清晰的才干线索,但你不妨再记三个线索:渴望、学得快和满足。

**渴望**揭示了才干的存在,特别是年幼时就感觉到的渴望。演员马特·达蒙和本·阿弗莱克自幼就是好友,他们早在10岁时就喜欢在学校的食堂里找一个安静的角落,讨论他们最新的表演“计划”。毕加索13岁时就上了成人美术学院。建筑师弗兰·克格尔理5岁时就喜欢从父亲开的五金店里找来小木块,在起居室的地板上搭复杂的模型。莫扎特12岁时完成了他的第一部交响乐。

这固然是一些世人瞩目的例子,但是同样适用于我们每个人。或许由于遗传,或许由于你的早期经历,你在童年时就发现自己喜欢某些活动，而讨厌另一些活动。当你弟弟在后院和小朋友追逐玩耍时，你却独自摆弄喷水头，把它拆开，探究其工作原理。你的“分析”主题已经初露端倪。

你7岁生日时，母亲本来和你约定在家庆祝，后来却改变主意，带你去麦当劳快餐店。你为此嚎啕大哭。尽管你小小年纪，却已形成按部就班的“纪律”主题，讨厌突如其来的变故。

这些儿时的激情源自你大脑中的突触联结。较弱的联结对你的影响十分微弱。当出于好意的母亲(或其他可怕的情形)迫使你干某件事时，你觉得不解，甚至会嚎哭。反之，你的最强固的联结势不可挡。它们如同一块强大的磁石，千遍万遍地把你吸引回去。你感受到它们的引力，继而产生渴望。

毋庸赘言，社会或财务的压力有时会淹没这些渴望，阻止你将它们付诸行动。荣获布克奖的小说家佩内洛普·费茨吉拉德由于丈夫酗酒，不得不只身养家，直到五十多岁时才得以释放写作的欲望。而一旦与丈夫永久分居，她的欲望就像孩子一样不可阻挡。在她余生的20年中，她共发表了12部长篇小说。当她最近以80高龄去世时，她被广泛尊为业内的顶级高手。她的一名作家朋友称她为“有史以来最优秀的英国小说家”。

就一个强大才干被长久埋没而言，最高纪录保持者当推安娜·玛丽·罗伯森·摩斯。她出生在纽约州北部的一个农场里，自幼就喜欢画画。为了表现周围景物五彩缤纷的色调，她甚至用浆果和葡萄汁作颜料。但她的绘画激情很快就被繁忙的农活所淹没。整整60年，她竟没动过一次画笔。直到78岁时，她从农田退休在家，终于得以释放她的才干。一如佩内洛普·费茨吉拉德，积聚多年的才干喷涌而出，使她骤然越上创作的高峰。其后23年，直到她去世，她画了数千幅儿时记忆的景物，举行过15次个人画展，成为举世闻名的摩斯奶奶画家。

你的渴望或许不像摩斯奶奶那样势不可挡，但它们同样始终如一地左右你，它们必须这样。你的渴望所反映的是一个生理现实，即你大脑的某些联结比其他联结更强固。因此，无论外部环境多么压抑，这些强固的联结都会不断呼唤你，以求引起你的注意。而如果你想发现自身优势，就应当倾听它们的呼声。

当然，你偶尔也可能被我们不妨称作的“虚假渴望”所误导。例如，受到想象中的鸡尾酒会和招待会的华丽场面的吸引，你会渴望进入公关业。或者，你出于某种控制欲而渴望当经理。（显然，识别虚假渴望的最好方法就是访问一位业内人士，听他谈谈绚丽外表之下的日常琐事。）排除了假信号后，你就值得为建立优势而追求自身渴望的目标。

**学得快**提供了识别才干的另一条线索。有时一个才干并不通过渴望而示意。由于种种原因，虽然才干就在你身上，你却听不到它的呼唤。相反，在你的后半生，某个事件将它突然点燃。如果你学一种新技能特别快，就充分说明你具有某种强大的才干。

亨利·马蒂斯与毕加索是同时代人。但与自幼就是神童的毕加索不同，马蒂斯并未对绘画产生过任何渴望。事实上，他长到21岁，竟然从未拿过画笔。他是一名律师的文书，而且大部分时间疾病缠身，萎靡不振。一天下午，他在又一次重感冒后躺在床上休养。他的母亲为了给他找些事——任何事——做，以此帮他宽心，递给他一盒颜料。就在这一刻，他的人生旅程发生了巨变。他感到体内涌出一股巨大的能量，就像刚从黑牢中放出，第一次见到阳光一样。马蒂斯如饥似渴地研读一本绘画手册，日复一日地画个不停。4年以后，他纯靠自学而考取巴黎一所最负盛名的美术学院，拜在大师古斯塔夫·莫罗的门下。

弗雷德里克·劳·奥姆斯特德需要一个类似的环境来点燃他的才干。一如马蒂斯，他的才干一旦显形，就以一种前所未有的高速将他推至业内的顶峰。奥姆斯特德30岁以前朝三暮四，无所事事。然而，1850年，他到英国旅行，却意外地发现了其终身的事业（我们今天称为园林建筑）。据他本人所言，他惊喜地看到“无数的树篱，英国树篱，山楂树篱，花团锦簇，和煦的阳光透过水汽泻下来”。几年后，他回到美国，经过反复斟酌和修改原有创意，赢得了有史以来参与者最广泛的园林设计大赛：纽约的中央公园。而这是他第一次接单子。

你可能有相似的经历。你开始学一门新技能——因为你有了一份新工作，遇到了一次新挑战，或来到了一个新环境——突然间你的大脑一片豁亮，仿佛整排的开关骤然开启。你所学技能的步骤沿着新开启的联结飞驰，以至于很快这些步骤便消失了。你的动作很快就摆脱了新手身上常见的僵直和生硬，而像大师一样行云流水。你把同学们甩在后面，马不停蹄地往前读，不等教员布置就尝试新招。你甚至把教员惹恼了，因为你总在问新问题和提新见解。但是你对此毫不在意，因为新技能对于你真是信手拈来，而你急不可耐地要一显身手。

毫无疑问，并不是每一个人都经历过这种人生为之改变的顿悟时刻，但是无论什么技能，无论是销售、演示、建筑制图、对一名员工进行职业发展反馈、准备法律文书、起草商业计划，还是清扫酒店客房、编辑报纸文章或安排嘉宾参加早间电视节目，如果你学得特别快，就应当深入考察。如此，你就能识别背后起作用的才干。

**满足**是揭示才干的最后一条线索。如前所述，你最强固的联结有一个结构性的特点，就是你使用它们时，会感觉良好。既然如此，如果你从事一项活动感觉良好，你就很可能在使用一个才干。

这似乎简单到家了，就像俗话说的：“如果感觉好，就行动。”然而很显然，一切并不那么简单。由于种种原因——其中大部分与我们的心理历史有关——大自然对我们玩了一个把戏，在我们心中根植了一些反社会的冲动。例如,你有没有发现自己在别人失误时幸灾乐祸过?你有没有过一种冲动,要别人当众出丑,甚至推卸责任,把自己的过错嫁祸他人?尽管这有失体面,但许多人都这么做。这些行为的共同点就在于将自己的快乐建立在别人的痛苦之上。它们属于不良行为,应予以避免。如上所述,喜欢用自身才干对别人幸灾乐祸的人或许应当反思他们的价值观。

如果你把你的天线对准那些可能为你带来心理动力和满足的**积极**的活动,你定会受益良多。当我们在开展研究中采访明星人物时,最使我们惊讶的是,能为人们带来快乐的活动或结果竟然如此之多。开始时,当我们问被访者他们最喜欢其所做工作的哪些方面时,我们听到的是千篇一律的回答:他们几乎都喜欢在工作中迎接并战胜挑战。然而,我们稍加追问,回答就开始多样化了(他们说的"挑战"究竟指什么)。

有的人看到别人取得我们大部分人会忽视的点滴进步时,就会感到满足。有的人喜欢变乱为治。有的人热衷于在大场合当主人。有的人爱干净,每次打扫完一间屋子都会喜形于色。有的人喜欢概念;有的人不相信概念,而酷爱通过分析来发现"真理"的挑战。有的人需要达到他们自己的标准;有的人无论是否达到自身标准,只要未能超过他们的同伴,就会感到一事无成。有的人认为,惟有学习才有意义;有的人则认为惟有帮助他人才有意义。有的人甚至被人拒绝时都会兴奋——显然是因为他们觉得这样就有机会施展自己说服的本事。

我们能够无限延长这份清单,直到囊括全人类。我们每个人的秉性都与众不同,因而我们对满足的体验也会各不相同。在这里,我们建议你密切关注那些似乎给你带来满足的情形。如果你能识别它们,你就朝准确判断自身才干迈了一大步。

那么你究竟如何识别自身满足的来源呢?我们在此必须格

外小心。告诉一个人如何判断自己是否真正喜欢一件事，就像告诉他如何判断自己是否堕入情网一样愚钝。在某种程度上，惟一明智的忠告是："有没有全凭感觉。"

然而，我们愿意冒一次险，给你一项提示：当你从事某项活动时，请你设法区分你进行思考的时态。如果你所考虑的是现在时——"这一切什么时候结束？"——那你八成没在用才干。但是如果你发现自己在用将来时思考——"我什么时候再干一次？"——那你很可能喜欢做这事，并且在用你的一个才干。

* * *

不假思索的反应、渴望、学得快和满足都能帮助你发现自身才干的蛛丝马迹。当你为生活而奔忙时，不妨停下脚步来，避开从你耳边嗖嗖吹过的风声，转而侦听这些线索。它们将帮助你发现自身才干。

# 优势识别器测试

*“它的工作原理是什么;你如何完成测试?”*

**它的工作原理是什么?**

很可能准确识别你自身优势的最好方法是在一段较长的时间内持续观察你自己的行为和情感,并特别关注上述线索。与此类专一的分析相比,任何一种测试或问卷都显得苍白无力。然而,和我们许多人一样,你可能很难找到足够的时间并保持足够的客观性来对自己进行这样的分析。你太忙,也太投入。

“优势识别器测试”意在帮助你提高你的观察精度。它向你提出一一配对的问题,捕捉你的选择,分析它们,揭示你的主导行为模式,继而告诉你,你最大的优势领域在哪里。

如前所述,在现实世界里,你对所遇情形的自发反应有助于揭示你的才干。为了使一个测试工具能准确识别你的才干,它就必须再现这一过程。它必须给你一个刺激,向你提供若干可能的反应,然后测量你如何反应。真是很简单。

不过,没这么简单。设计一个测量才干的工具比表面看上去要复杂得多。

第一个问题是,当你在现实生活中作出反应时,并没有人向你提供一定数量的选择方案，然后由你根据五分制来评估。相反,你每做一次反应,都有无数个选择方案。你的大脑迅速过滤这些选择方案,并在你的最强固的突触联结指引下,作出一种选择。我们在设计优势识别器的测试工具时,是无法给你无数个选择方案的。事实上,我们只计划给你两个选择。为了使这两个选择有意义，我们必须确保其中之一反映了一个具有支配性的才干。我们为做到这一点,对近两百万人进行了开放题访谈。我们悉心倾听，以求发现其中一些问题能否从才干相似的人口中获得相似的回答。

例如,我们请经理们回答这个问题:“什么是激励一个人的最好方法?”我们对应当悉心倾听什么并无把握,但使我们惊奇的是,很快就出现了规律。那些具有识别每个人特点的才干的经理们都给出了相同的回答。“因人而异”,他们说。接着我们问了另一个问题:“管人应当管到什么程度?”这些经理们依然回答:“因人而异。”这并不是对这一问题的“正确”回答,但它的确反映了一种独特的思维方式。

根据这样的发现,我们便设计了一些陈述,其中的选择之一就是“因人而异”。那些持续作出这一选择的人很可能具有“个别”的才干。

第二个问题是,我们不能使选择过于明显。如果我们设计的陈述在配成对后有一个明显正确,而另一个明显错误,被访者的选择就会发生偏差，继而无法用来精确预测某个才干是否存在。为了解决这一问题,我们决定使大部分配成对的陈述不相互对立。例如,当我们问数百万人“你和别人谈话时,怎么知道自己是否在认真倾听呢”这个问题时,我们发现有两种截然不同的回答。具备“分析”才干的人会说:“如果我能理解并重复对方的话,我就知道自己在认真倾听。”相比之下,具备“体谅”才干的人会给出完全不同的回答:“如果对方继续说下去，我就知道我在认真倾听。”

还是那句话，这些回答中没有一个是“惟一正确”的——事实上，两种回答都很明智——它们也不相互对立。然而，根据我们的研究，我们现在知道，如果我们要被访者从这两个陈述中选一个，他的选择将有助于我们判断这个人具有“体谅”还是“分析”的主导才干。当然，一个人可能这两种才干都有，面对这两个陈述，他会感到被相同的力推向两个方向。考虑到这种情况，我们在测试中提供了许多其他的机会来揭示“体谅”或“分析”的才干。

最后一个问题涉及自发性。在现实生活中，决定往往瞬间作出，以至于你无暇驻足，权衡所有的相关方案，然后择其最佳。相反，即使你在进行一次简单的交谈，你的大脑也在对语气、语调、凝视、肢体语言、词汇和逻辑流程等进行实时决策。为了模拟现实生活中决策的速度，我们决定强加一个时间限制。当一对陈述出现在电脑屏幕上时，你只有 20 秒回答时间。20 秒仅够你阅读和理解这两个陈述，但不足以让你的理智影响你的选择。

**你将得到什么？**

优势识别器的目的不是恩赐给你各种优势，而是**发现你在哪些方面有建立某种优势的最大潜能**。因此，优势识别器所测试的，是我们通过对优秀业绩的长年研究而发现的 34 个才干主题。

你一做完测试，就会立即得到你的五大主导才干主题，即你的标志主题。这些才干主题可能尚未成为优势。每个主题都是一种思维、感觉或行为模式——其中蕴藏着一个优势。在这之后，你将得到一份关于 34 个才干主题的辅导，其中对每个主题都有详细描述，并附有具备相应主题的人的语录。你或许不该一次读完所有的主题描述及相应的语录。相反，你在完成“优势识别器测试”并收到你的标志主题报告后，不妨先读与你的主题有关的段落,然后从那里开始。

**你如何完成优势识别器测试?**

如果你刮开封面左下角,就会看见一个个人代码。记下这个号码,然后接通互联网,点击以下网址:

http: //www. strengthsfinder. com

根据提示操作,并适时输入你的代码。(为了完成测试,你需要一个 28. 8 或速度更快的调制解调器, 4. 0 版或速度更快的 Internet Explorer, Netscape 或 AOL)。优势识别器测试将先向你展示一对陈述作为例子。其后,就会出现正式的配对陈述。

你在完成测试时,务必记住,你应不假思索地回答。避免对你的回答进行过细的分析。如果你发现自己对部分陈述作出"居中"的回答,不必担心。优势识别器测试意在分离出你的标志主题。如果一对陈述的任何一方都未引起你的强烈反应,或者两个陈述对你同样适用,那就很显然,这对陈述并未接通你的一个主导主题。无论哪种情况,回答"居中"都是适宜的。

最后让我们再说一句帮你放宽心的话:我们发现有的人对参加测试忐忑不安,因为他们担心自己的标志主题不是"好的"主题。这种担心是毫无必要的。一个孤立的主题无所谓好坏。它只是一种贯穿始终的模式,既可能培养成为一种优势,也可能被荒废。毋庸赘言,当你完成优势识别器测试后,你即刻对自身五大主题作出的反应恰恰会受到这些主题的影响。例如,如果你发现"行动"是你的标志主题之一,你很可能马上就想知道你能用这个新发现来干什么。如果你的五大主题之一是"分析",你马上就会猜测我们是如何从你的回答中得出这一主题的。你的最强大的主题将会始终过滤你的世界,促使你以某种贯穿始终的方式作出反应。然而,无论你有什么主题,千万不要受耳边那个挑剔的低语干扰:"你可能考砸了。"你没考砸。你不可能考砸"优势识别器测试”,因为每个标志主题都蕴藏着建立优势的希望。惟一可能的失败就是始终找不到适合你的岗位或合作伙伴，继而无法实现你的优势。

# 第四章

# 优势识别器的三十四个主题

| | | | | |
|---|---|---|---|---|
| 成就 | 行动 | 适应 | 分析 | 统筹 |
| 信仰 | 统率 | 沟通 | 竞争 | 关联 |
| 回顾 | 审慎 | 伯乐 | 纪律 | 体谅 |
| 公平 | 专注 | 前瞻 | 和谐 | 理念 |
| 包容 | 个别 | 搜集 | 思维 | 学习 |
| 完美 | 积极 | 交往 | 责任 | 排难 |
| 自信 | 追求 | 战略 | 取悦 | |

注：你会注意到，主题的名字并不属于同一种“类型”。有的是针对人的（如“成就”，“行动”），有的是针对范畴的（如“纪律”，“体谅”），还有的是针对品质的（如“适应”，“分析”）。我们之所以采用这种方式，是因为过去我们力图将类型标准化，结果生造了许多笨拙而费解的术语。

## 成就(Achiever)

你的成就主题说明你的内在动力。它表明你始终渴望有所建树。你感到每一天似乎都从零开始。一天结束时，你必须获得某种有形的成果，如此才能感觉良好。你所谓的“每一天”指的是所有的日子——工作日、周末、休假日。无论你多么需要歇一天，如果这一天你无所事事，你就会感到不满意。你体内有团烈火在熊熊燃烧。它促使你多做事情，多出成果。完成一项任务后，这火会暂时减弱，但很快重新燃起，推动你朝下一个目标努力。你对成就的不懈追求或许缺乏逻辑，甚至漫无边际。然而，它将伴随你一生。作为一名追求成就的人，你必须学会与这种隐隐的不满足感相处。它毕竟不无益处。它给你动力，使你能长久工作而不知疲倦。它不失时机地使你奋起，去迎接新的任务和新的挑战。它为你输入充沛的精力，帮助你为你所领导的班组设定工作进度和业绩指标。它是推动你不断前进的主题。

**“成就”主题突出的人会这样说：**

**梅兰尼·K，急诊室护士：**“我每天都必须攒足分，才会觉得自己成功。今天，我到班上刚半小时，可已经攒了30分。我为急诊室定购了设备。我把出毛病的设备修好了。我与我手下的护士开了会。我与我的秘书深入讨论如何改进我们的电脑登记册。我要做的90件事中，已经完成了30件。现在我自我感觉真不错。”

**特德·S，销售员**："去年，我是全公司300名销售员中的年度销售明星。我高兴了一整天，但不出所料，到了下半周，一切好像都没有发生，我又回到了零点。有时我真希望自己不是这样，因为它有可能使我失去生活的平衡而走火入魔。我过去常以为能改变自己，但现在我知道我天生就是这样。这一主题的确是一把双刃剑。它帮助我达到我的目标，但另一方面我希望能随意打开和合上它。可是，见鬼，我做不到。但我**能**控制它，并通过关注生活中其他方面的成就，而不仅仅是工作，来避免成为工作狂。"

**萨拉·L，作家**："这是个不可思议的主题。它的好处是推动你不断追求新的挑战。但另一方面，你从来不觉得达到目标。它迫使你一辈子以每小时70英里的速度爬坡。你不会歇一下，因为总有更多的事情要做。但是总体考虑，我宁肯有而不可无它。我称它为'神圣的坐立不安'，而如果它使我觉得所有的事情必须在眼下完成，那也没什么了不起。我能忍受。"

## 行动(Activator)

“我们什么时候可以开始?”你最爱问这个问题。你急不可耐地要行动。你也许会同意，分析自有它的作用,争辩和讨论有时也不无真知灼见。但你深知,没有行动,一切皆为空谈。惟有行动才能做事情。惟有行动才能出业绩。一旦作出决定,你就必须行动。别人或许会担忧,“还有些事我们不知道”,但是你不会因此而放慢步伐。如果决定通过城区,你便认定到达目的地的最快途径就是从一个红绿灯走到下一个红绿灯，而不会坐等所有的灯都变绿。此外,在你看来,行动和思考并不互相排斥。事实上,在你的行动才干指引下,你确信最好的办法是干中学。你作出决定,采取行动,检验结果,继而学习和进步。在学习的基础上,你决定你未来一步接一步的行动。如果你没有作出反应的对象,你怎么能够进步?你的答案很简单,不能。你必须不断冲锋陷阵,你必须不断走出下一步。否则,你如何保持思维敏锐和耳聪目明?这就是你的底线:你深知评判你的标准不是你的言辞,也不是你的思想,而是你的行动。你丝毫不为此感到畏惧。恰恰相反,你感到快慰。

**“行动”主题突出的人会这样说:**

**简·C,修女:**“1970年代,我是修道院院长。我们遇到了能源短缺,成本直线上升。我们有140英亩地。我每天都在那里转悠,一边琢磨如何应付能源短缺。我突然醒悟，既然我们有那么多地，就该自己打一口天然气井。我们说干就干，花了100，000美元打了一口气井。如果你从未打过天然气井，你很可能不知道我当时没想到的事：仅为了解你的地块下究竟有没有天然气而打一口探井，就需花70,000美元。于是，他们开钻，用一种震动照相仪侦察到地下有气。但是他们不知道有多少，也不知道输到地面压力够不够。'如果你再付30,000美元，我们就想法开井'，他们说。'如果你不愿意，我们就把井封上，拿上你已付的70，000美元回家。'我无奈付了最后的30,000美元。谢天谢地，气上来了。那是20年前的事。这口井现在还在抽气。"

**吉姆·L，企业家**："有人认为我急不可耐，不愿听人提到前面的陷阱和路障。我老爱说：'我想知道我什么时候会撞墙，我要你们告诉我这会有多疼。但是如果我执意要撞墙，那你就不必担心自己没有尽职。我必须亲自试一试。'"

## 适应(Adaptability)

你生活在当前。你不把未来视为固定的目的地。相反，你认为未来是你在现有选择的基础上创造出来的。因此,你通过选择逐一发现你的未来。这并不意味着你没有计划。你很可能有。但你的适应主题使你能够自愿地对眼前需求作出反应，即使此举使你偏离原有计划。你与有的人不同,并不讨厌突如其来的要求或出乎意料的曲折。你对此有料在先,它们是不可避免的。事实上,在某种意义上,你期待它们发生。你本质上是一个非常灵活的人，即使工作的不同需求把你东拉西扯,你仍能保持高效率。

**“适应”主题突出的人会这样说：**

**玛丽·T,电视制片人:**”我喜欢直播电视节目,因为结果你永远无法预测。一分钟前我可能在做一个最好的儿童节日礼物的节目；一分钟后我却转而对一名总统候选人作预备采访。我想我总是这样的,我生活在当前。如果有人问我:‘你明天做什么?’我的回答总是:‘见鬼,我不知道。那要看我想干什么。’我这样做让我的男朋友发疯。因为他会计划好我们周日下午去古董市场,而就在最后一刻,我却突然改变主意,说:‘不,我们还是回家读星期天的报纸吧。’一定很讨厌，是不是？没错。但是如果看好的一面,这的确说明我能随机应变。”

**琳达·G，项目经理：**“单位里数我最沉着。如果有人进来说，‘我们没有计划对。我们必须在明天前做好它’，我的同事就会紧张得不知所措。可是不知为什么我从不这样。我喜欢那种压力，那种立即作出反应的需要。它使我感到充满活力。”

**彼德·F，公司培训师：**“我想我比大部分人都更会应对生活。上星期我发现我的车窗被打破，音响被偷。不用说，我很气恼，但是这丝毫没有干扰我当天的生活。我把车扫干净，然后把这件事甩到脑后，忙着去干我当天要干的事。”

## 分析(Analytical)

你的分析主题向别人挑战："证明它。告诉我为什么你的结论是对的。"面对此种质疑，某些人将发现他们自鸣得意的理论会枯萎和瓦解。而这恰恰是你的目的。你无意扼杀别人的观点，但你认定，他们的理论必须经得起检验。你自视客观和冷静。你喜欢数据，因为它们既不包含特定的价值观念，又没有特殊的目的。有了数据的武装，你就寻找模式和关联，你想了解某些模式如何互相影响。它们如何组合？它们有什么结果？这个结果是否与所提出的理论或面临的情形相符？这就是你的问题。你将表层逐一剥开，直至揭示其中的根源。别人认为你思维逻辑严谨。久而久之，他们就习惯于请你用你的严谨思维来剖析某些人的"异想天开"和"愚钝"。但愿你的分析不要表述得太尖刻，否则，如果"异想天开"的是他们自己，他们就会刻意回避你。

**"分析"主题突出的人会这样说：**

**乔斯·G，学校系统主任：**"我天生就善于预先识别结构、模式和规律。例如，当人们在谈论起草一份赞助申请书时，我一边听，大脑一边本能地思考现有的各种赞助类型，讨论内容是否符合申请条件，甚至用什么模式来清晰而令人信服地将有关信息填入赞助申请表。"

**杰克·D，人力资源主管：**"当我得出一个结论时，我必须心中有数，我能用事实和逻辑思考来证明它。例如，如果有人说，我们公司的薪酬不如别的公司，我总会问：‘你为什么这样说？’如果他们说：‘我在报上看到一份广告，许诺付给机械工程毕业生比我们多五千美元。’我就会反问：‘但是这些毕业生会到哪里去工作？他们的薪酬是不是根据工作地点定的？他们会到什么样的公司去工作？是我们这样的制造业公司吗？他们的样本包括多少人？是不是就三个人，其中一人得了一个大便宜，继而拔高了平均水平？’我必须问这些问题，继而确保他们的所言属实，而不是道听途说。”

**莱斯利·J，校长：**“经常有这样的情况，同样一组学生，每年的表现却不一样。学生没有变，但他们的成绩每年都不相同。这是怎么回事？这些孩子在哪座教学楼上课？多少孩子注册上满一学年？他们的教员是谁，用的是什么教学风格？我爱问这些问题，以求了解究竟发生了什么事。”

## 统筹(Arranger)

你是一名乐队指挥。当你面对一个涉及多种因素的复杂环境时，你喜欢设法管理所有的变数，将它们反复排列，直至你确信形成最佳组合。在你看来，此种行为毫无特别之处。你不过是试图琢磨出做事的最佳方案而已。然而，其他人由于缺乏这一主题，对你的本领瞠目结舌。“你的脑袋里怎么能同时装这么多事情呢？”他们会问。“你怎么能保持如此灵活，如此不假思索地放弃经过深思熟虑的计划，转而采取你突发奇想的全新方案呢？”但是你无法想象其他的行为方式。你是高度灵活性的杰出代表。如果你发现一个更优惠的票价，你就会在最后一刻突然改变旅行计划。同样，你会绞尽脑汁，思考完成一个新项目的最佳人员和资源组合。你事无巨细，总在寻找最佳配置。毋庸置疑，形势越是变化无常，你越能出神入化。有的人面对不测，会一口咬定，经过精心策划的计划不容更改，而另一些人则躲进现有的规则和程序中。你却不然。你奋身投入混乱的局面，设计新方案，搜寻新捷径，思考新合作——因为说到底，总有可能找到更好的方案。

**“统筹”主题突出的人会这样说：**

**萨拉·P，财务主管：**“我喜爱复杂的挑战，这样我就必须独立思考，琢磨如何将各种不同的板块拼在一起。有的人遇到一种情况，会看到三十个变量，为了平衡它们而手忙脚乱。而我在相同的情况下,只看到三个方案。由于我只看到三个,我就容易迅速决策,把一切理得井井有条。”

**格兰特·D,运营经理:**“前些天,我从我们的工厂获知,对我们的一种产品的需求大大超过预测。我对此略作思考,突然有了一个主意:按周而不是按月交货。于是我说:‘联系欧洲分公司,了解当地的需求情况,告诉他们我们现在的处境,然后了解他们每周的需求情况。’此举使我们在不增加库存的情况下满足了市场需求。毋庸置疑,运输费用有所增加,但这总比一地库存过多而另一地库存过少要好。”

**简·B,企业家:**“有时,我的统筹主题会使我忙得不可开交。例如,当我们都去看电影或球赛时,我的家人和朋友都会赖在我身上——‘简会搞票。简会组织车辆。’为什么非要我做这些事?可他们说得轻巧:‘因为你干得好。我们干要半小时,而你干起来似乎快得多。你只需给售票处打个电话,预定想要的票,就大功告成。”

## 信仰(Belief)

如果你有很强的信仰主题，那你就会持有某些经久不变的核心价值。这些价值因人而异，但你的信仰通常使你关注家庭，乐于助人，甚至追求灵性。无论对己对人，你都珍视责任和伦理。这些核心价值以多种方式影响你的行为。它们赋予你的生活以意义和满足——在你看来，金钱和名望并不完全代表成功。它们为你指明方向，指引你排除生活中的种种引诱和干扰，朝着恒定的目标前进。这种恒定性是你建立所有关系的基础。你的朋友认为你为人可靠；他们会说：“我知道你是什么立场。”你的信仰为你赢得信任。它还要求你从事与你的价值观相符的工作。你的工作必须有意义；必须“有份量”。因为你受到你的信仰的指引，所以你的工作惟有使你有机会实践自身价值观时才是有意义的。

**“信仰”主题突出的人会这样说：**

**迈克尔·K，销售员：**“我的大部分业余时间都花在家庭和社区活动上。我是全县的童子军董事会董事。我当童子军时是小队长。当我成为一名‘探索者’时，我是童子军的少年助理部长。我就是喜欢和孩子们在一起。我认为他们代表未来。我觉得把你的时间投向未来最值得。”

**拉腊·M，学院院长：**“我每天拼命工作，是因为我有自己的价值观。我为自己当前的工作倾注了大量时间，甚至不在乎领不领工资。我刚发现我是全州工资最低的院长，可我不在乎。我是说，我干这活不是为了钱。”

**特蕾西·D，航空公司主管：**“如果你做的事无足轻重，那还做它干什么？我每天起床后忙的就是如何加强飞行安全，而这对于我是非常有意义的。如果我看不到工作中的意义，我真不知道如何克服重重阻碍和困难。我想我一定会心灰意懒的。”

## 统率(Command)

统率主题促使你实施指挥。与有的人不同,你对将自己的观点强加于人并无不适。相反,你一旦形成观点,就必须与人分享。你一旦确定目标,就要用它来统一众人的思想,否则就会坐立不安。你不怕对立;相反,你确信对立是解决难题的第一步。其他人可能对生活的不快讳莫如深,你则感到必须陈述事实或真理,无论它们多么令人不快。你需要在人们之间扫除误会;因此,你要求他们明辨是非,开诚布公。你推动他们承担风险,甚至会为此而逼迫他们。虽然有人会对此表示厌恶,指责你刚愎自用,但他们又常常会自愿让你掌舵。人们往往拥戴那些立场鲜明的人,那些确定方向,然后率领他们前进的人。人们会拥戴你。你一呼百应,你发号施令。

**"统率"主题突出的人会这样说:**

**马尔科姆·M,礼仪经理:**"我之所以影响别人,一条原因是我直言不讳。说真的,人们说我一开始威逼他们。共事一年后,我们谈起这一点时,他们说:'真的,马尔科姆,我刚来这工作时,吓得要命。'我问为什么,他们说:'我从来没有和一个有啥说啥的人共过事。不管是什么,只要该说,你就会直说。"

**里克·P,零售主管:**"我们制定了一个健康计划。如果你一周饮酒在四次以下,就能得到25美元。如果不抽烟，你就能每月领25美元。一天，我听说一名商店经理又开始抽烟了。这可不好。他在店里抽烟，不仅为员工做坏样子，还要领25美元。我无法容忍内部这样的行为，这不好受。于是我立即把他找来，直言相告：'请你立即停止，否则就走人。'他本质并不坏，但对这样的事，你决不能听之任之。"

**黛安·N，老人院员工：**"我并不认为自己锋芒毕露，但我的确敢于领导。当你走进一间房间，里面是一个垂死的人和他的家属，你必须敢于发号施令。他们希望你发号施令。他们有点震惊，有点害怕，有点不愿意接受现实。总之，他们不知所措。他们需要有人告诉他们下一步该干什么，他们能期待什么；告诉他们，这事并不轻松，但一切都会安排妥当。他们不想听软绵绵的安慰，而需要条理和坦率。我给了他们这一切。"

## 沟通(Communication)

你喜欢解释、描述、主持、演讲和写作。这是你的沟通主题在起作用。概念索然无味，事件平淡无奇，你需要将它们激活，使它们生机勃勃，激动人心，引人入胜。所以你就把事件编成故事，频繁讲述。你用形象、案例和比喻赋予枯燥的概念以生气。你认为大部分人注意力甚短。他们天天受到信息的轰击，但所记寥寥。你希望你所传达的信息——思想、事件、产品的特征和功能、发明或一堂课——被人铭记。你想把他们的注意力吸引过来，然后捕捉和锁定它。这种愿望驱动你搜寻完美的语句，使你陶醉于生动而富有感染力的词汇组合。正因为如此，别人乐于听你侃侃而谈。你用语言勾画的图象激发他们的兴趣，澄清他们的眼界，并激励他们去行动。

**“沟通”主题突出的人会这样说：**

**希拉·K，主题公园总经理：**“讲故事是我说服别人的最好方式。昨天，我想对我的执行委员会说明，我们如何能打动我们的客人，于是我讲了一个故事：我们的一名员工带她父亲参加主题公园为退伍军人日举行的升旗仪式。他在二次大战中负伤致残，现在又患有一种罕见的癌症，接受了无数次手术，已来日无多。在仪式开始前，我们的一名员工对人群说：‘这个人是二次大战的老兵，我们能为他喝采吗？’话音一落，每个人都鼓起掌来。他的女儿哭起来，他摘下了帽子。他过去从不摘帽，因为头上有战时和癌症手术留下的伤疤。但当国歌奏响时，他摘帽低头致敬。他的女儿后来告诉我，这是他多年来最愉快的一天。”

**汤姆·P，银行主管**：“我的一名新客户认为资金流向互联网只是暂时现象。我试图用理性论证来改变他的看法，但他无法、也不愿认同。最后，正像我遇到一个不接受我观点的客户时常做的那样，我开始使用形象语言。我告诉他，他就像一个背对大海坐在海滩上的人，互联网就像迅速增高的海潮。无论他现在感觉多么良好，海潮随着每次巨浪的轰鸣越涨越高，很快就会从头而降，把他吞没。他这回听进去了。”

**马格里特·D，营销主任**：“我曾经读过一本关于演讲的书，其中有两条建议：一是只讲你酷爱的事情；二是使用个人的例子。我立即照此行动。我发现了许许多多的故事，因为我有孩子，孙儿和丈夫。我根据自身经历来讲故事，因为这样每个人听起来都感到亲切。”

## 竞争(Competition)

竞争扎根于比较。当你环视四周时,你本能地意识到别人的业绩。他们的业绩就是你的最终标尺。无论你如何苦干,无论你的动机如何高尚,如果你仅仅达到自身目标,但未能傲视同侪,你就会感到现有的成就空洞无物。如同所有的竞争者,你需要其他人。你需要比较。因为如果你能比较,你就能竞争,而如果你能竞争,你就能取胜。一旦取胜,你就能感受到无与伦比的快慰。你喜欢测量,因为它有助于比较。你喜欢其他竞争者,因为他们使你振奋。你热爱比赛,因为它们必定产生一个赢家。你尤其喜欢胜券在握的比赛。虽然你对你的对手彬彬有礼,甚至能做到虽败尤荣,但你参加比赛绝不是为了取乐,而是为了取胜。你最终会避免参加取胜无望的比赛。

**"竞争"主题突出的人会这样说:**

**马克·L,销售主管:**"我一生都喜欢体育比赛。这么说吧,我比赛可不是为了取乐。我喜欢参加我能取胜的比赛,而不愿参加我会输的比赛,因为如果输了,我虽然表面上彬彬有礼,但内心会气死。"

**哈里·D,总经理:**"我不是一名航海家,但我热爱美洲杯赛。两条船按说一模一样,水手们也都是顶级运动员,可每次都有一个赢家。他们其中之一一定有什么秘诀来打破平衡,继而赢得多,输得少。我要找的就是这个秘诀,这一点点优势。”

**萨默·雷德斯通,**Viacom **公司董事长,在收购** CBS **电视网时说:**“对我来说,当第一始终是头等大事。在我心目中,我们要有最大的有线电视网!最大的广播网!最大的户外广告公司!最大的电视节目制作中心!不管往哪看,我们到处都当老大!”

## 关联(Connectedness)

凡事发生必有原因。你对此深信不疑。你深信不疑，是因为你从心底里认为我们都是相互关联的。诚然，我们各个有别，各自对自己的判断负责，并保持选择的自由。但是，尽管如此，我们仍然是宏观世界的一部分。有人称其为集体的下意识，还有人称其为灵性或生命之能。但无论你用何种语言，你一想到我们并不相互隔绝，也不与地球及其生命隔绝，就会备添信心。这种关联感包含了某些责任。如果我们都是宏观世界的一部分，我们就决不能害人，因为害人等于害已；我们决不能剥削，因为剥削别人等于剥削自己。你对这些责任的意识构成了你的价值体系。你为人周到、体贴和宽容。由于笃信人类大同，你为不同文化背景的人们构筑沟通的桥梁。仿佛有一只"看不见的手"在指引你，帮你开导别人超越日常琐事，而看到更高尚的目标。你的具体信仰固然取决于你的人生经历和文化，但是你的信仰十分坚定。它使你和你的朋友面对人生之秘而持之以恒。

**"关联"主题突出的人会这样说：**

**曼迪·M，家庭主妇：**"关联的核心是谦卑。你要有自知之明。我有一点点智慧，虽然不多，却很真实。这不是好大喜功。这是真正的谦卑。你对自己的天赋充满信心，真正的信心，但你明白，你并不是无所不知。你感到与别人相关联，是因为你知道他们有你所不具备的智慧。如果你认为自己什么都有，就不会有关联感。”

**罗斯·T，心理学家**：“有时，我在用早餐时会凝视碗中的麦片，思考成百上千参与生产我的麦片的人们：种田的农夫、发明杀虫剂的生化学家、食品加工厂的仓库工人，还有用某种方法说服我购买货架上这盒麦片，而不是旁边那盒的营业员。我知道这听来有些怪异，但我愿对这些人深表谢意。仅此，我就感到更加投入生活，与世间万物更加融为一体，更不孤独。”

**查克·M，教师**：“在生活中我看问题往往黑白分明，但由于某种原因，我在理解生活的奥秘上却思想开放得多。我对了解各种不同的宗教兴趣很浓。眼下我正在读一本书，写的是犹太教、基督教和 Canaanites[1] 的宗教之间的区别。还有佛教、希腊神话，它们都以某种方式相互关联，这真有趣。”

---

1. Canaanites：古代中东的一个部落。(译者)

## 回顾(Context)

你往回看。你往回看是为了寻找答案。你往回看是为了了解当前。从你的制高点看去，当前变动无常，杂乱无章。惟有回首以往，回到策划之初，当前才重归平稳。以往是一个简明的时代，一个描画蓝图的时代。你回顾以往，目睹蓝图浮现，继而重归初衷。这些蓝图和初衷后来被装饰得面目全非，无从辨认，但是你的回顾主题使它们原形再现。这一认识使你充满信心。你排除了干扰，在了解事物内涵的基础上明智决策。由于了解同事们的来龙去脉，你就能更好地与其合作。并且，由于你看到未来的种子播撒在过去，反而更加明察未来。面对新人和新形势，你需要一些时间来适应。但你必须给自己留出这些时间。你必须迫使自己问这些问题。你必须让蓝图再现，因为无论情况如何，如果你未见蓝图，你就不可能对你的决定充满自信。

**“回顾”主题突出的人会这样说：**

**亚当·Y，软件设计师：**“我告诉我的手下：‘让我们避免**老弹重调**。’他们说：‘你用错字了。应该是**老调重弹**。’我说：‘**老弹重调**说的是我们总会重复过去的错误。我们必须尽力避免。我们必须审视我们的过去，看清我们犯错误的原因，以免重犯。’这似乎不言而喻，但是多数人不看他们的过去，或认为看过去没用。所以他们总是**老弹重调**。”

**杰西·K，媒体分析师**：“我十分缺乏体谅能力，所以无法根据别人当前的情感与他们交往。相反，我根据他们的过去与他们交往。事实上，在我了解别人在哪里长大，父母是谁，在大学学什么专业之前，是不可能对他们有任何感觉的。”

**格雷格·H，会计经理**：“我最近要求全体手下采用一个新的会计系统。此举取得成功的惟一原因是我充分尊重他们的过去。当人们建立一个会计系统时，付出的是他们的血汗和泪水，是他们的全部身心。他们会与它融为一体。所以，如果我走过去，若无其事地告诉他们我要改变系统，这就像说我要把你的孩子带走一样。这就是我要应对的激烈情感。我必须尊重这个关联，这段历史，否则他们就会断然拒绝我。”

## 审慎(Deliberative)

你为人谨慎,处世警觉。你是一个十分关注隐私的人。你深知世事难测,表面上一切井井有条,但深处危机四伏。你并不否认这些危险,相反,你把它们全部暴露在光天化日之下,逐一识别、评判,并最终消除。就此而言,你是一个十分认真的人,你对生活的态度是有所保留的。例如,你喜欢提前计划,以防不测。你谨慎地选择朋友,并避而不谈私事。你避免过度赞扬别人,以免被人误解。如果有人因为你不如别人热情洋溢而对你不满,那就随他的便。在你看来,生活不是一场取悦的竞赛,而更像一片雷场。其他人如果愿意尽可以不顾一切地跑过去,你则不然。你识别各种危险,判断其各自影响,然后小心地落脚,谨慎前行。

**“审慎”主题突出的人会这样说:**

**迪克·H,电影制片人:**“我的所有任务就是减少变数。变数越少,风险就越低。我与导演谈判时,总是先在一些小问题上爽快地让步。一旦小问题解决,我的感觉就会好一些。我就能集中精力。我就能控制谈话。”

**戴比·M,项目经理:**“我是一个讲求实际的人。当我的同事们在侃侃而谈各种奇思妙想时,我会问这样的问题:‘这一切如何实施?’‘这样或那样的人会接受吗?’我不认为自己在为魔鬼张目,因为那样说太消极。但我的确权衡各种可能,评定风险。我认为,由于我的质疑,我们就能作出更好的决定。”

**杰米·B,服务站员工**:“我并不是个井井有条的人,但有一件事我从不错过,那就是核查。这不是由于我责任心出奇地高,或其他原因。我这样做是为了保险。无论是人际关系,工作表现,还是其他任何事,我都像骑在树杈上,我必须知道我骑的那根树杈足够结实。”

**布赖恩·B,学校事务主管**:“我在制定一项安全学校的方案。我参加会议,我们有八个委员会在忙碌,还有一个学区评审委员会。但我依然对基本方案不满。我的上司问:‘我什么时候能见到方案?’我说:‘还没好。我不满意。’她乐了,说:‘嘿,布赖恩,我不需要它十全十美。我只要一个方案。’但她让我自行其是,因为她知道我现在下的功夫将来会有大好处。由于这样的前期工作,一旦决定作出,就不会翻悔,不会土崩瓦解。”

## 伯乐(Developer)

你能发现别人的潜能。事实上，你常常只关注潜能。在你看来，没有人十全十美，相反，每个人都是“正在加工”中。每个人都充满可能。而正因为如此，你对他们备加关注。你与别人交往的目的是帮助他们成功。你寻找各种途径挑战他们。你为他们安排各种有趣的经历，来增强他们的能力，帮助他们成长。你孜孜不倦地搜寻他们进步的蛛丝马迹——稍有改变的举止，日趋精湛的技能，偶露峥嵘的佳绩，蹒跚学步变成“行云流水”。有人对这些细微的变化视而不见，而你却从中辨认出得到发挥的潜能。别人的进步如同燃料，给予你力量和满足。久而久之，许多人会向你寻求帮助和鼓励，因为他们深知你的相助是真诚的，并能为你自身带来快慰。

**“伯乐”主题突出的人会这样说：**

**玛里琳·K，学院院长：**“毕业典礼上，一名护士专业的学生走上台来。通常这是一名大约35岁的妇女。她接过毕业证。大约18排后，会有一个小孩子和一群孩子站在椅子上大喊：‘干得好，妈妈！’我喜欢这种场景。每次我都会哭。”

**约翰·M，广告主管：**“我不是律师、医生，或做蜡烛台的工匠。我的技能属于另一类。它们有关理解别人和他们的动机。我的乐趣在于观察人们如何以他们从未想到的方式发现自我，在于发现能带来我所没有的才干的人。”

**安娜·G,护士**:“我有一位病人,是个年轻妇女。她的肺功能几乎完全破坏,必须一辈子输氧。她将永远不可能正常生活。我进屋时,她几乎绝望。她不知道自己是因为焦急而气短，还是因为气短而焦急。她谈到自杀,因为她无法工作,无法支持她的丈夫。于是我引导她思考她能做什么,而不去想她不能做什么。结果,我发现她很善于手工艺创作。于是我对她说:‘瞧,有些事你能做。如果它们能为你带来快乐,那就去做。从这儿开始。’她哭了,说:‘我的体力只够洗一个碗。’我说:‘这是今天的情况。明天你就能洗两个。’到了圣诞节时,她已经在做各种工艺品,而且还出售呢。”

## 纪律(Discipline)

你的世界必须可以预测，必须井井有条，规划有序。因此,你本能地将你的世界规范化。你建立常规,制定时间表,规定完成任务的日期。你把长期项目分解为一系列具体的短期计划,然后锲而不舍地逐一实施。你并不一定整洁有序,但你的确要求精确。面对生活中内在的混乱,你需要建立控制。常规、时间表、规范,这一切都有助于建立控制感。别人由于缺乏这种纪律主题,有时可能厌恶你建立秩序的需求，但这未必导致冲突。你必须了解,并非人人都像你一样渴求预测;他们自有其做事之道。同样,你也可以帮助他们理解、甚至赞赏你对规范的需求。你讨厌意外，憎恶失误，建立常规，注重细节——所有这些无须被视为意欲束缚别人，而应被视为你的一种本能的方法，旨在摈除生活的诸多诱惑,确保进步和效益。

**“纪律”主题突出的人会这样说:**

**莱斯·T,礼仪经理:**“我的职业生涯的转折点是几年前参加一次时间管理培训班。我的纪律性始终很强，但我学会每天以更有序的方式使用我的纪律性后，效果更明显了。有了这个掌中电脑,我每个星期天都记得给我母亲打电话,而不会几个月不通一次话。我每周都记得带我太太外出用餐,而无需她要求。我的员工都知道，如果我说我星期一想要什么却见不到,就会给他们打电话。这个小电脑成了我生活中不可或缺的东西，以至于我特意加长了所有的裤子口袋，以便能随时带着它。”

**特罗伊·T，销售主管：**“我的文档管理说不上漂亮，但十分有效。我什么都是手写，因为我想，既然没有顾客会看这些文档，何必花时间去美化它们。我做销售的天条是完成时间表和落实细节。在我的系统中，我跟踪每件事，从而确保不仅按时完成自己的任务和落实各项细节，而且兼顾我的顾客和同事。如果他们没有根据承诺及时与我联系，我就会给他们发电子邮件。事实上，有一天一个人告诉我：‘我还不如主动跟你联系，因为我知道你如果听不到我的消息，一定会在我的语音信箱中留言的。’”

**迪德里·S，办公室主任：**“我讨厌浪费时间。所以我列表，列长长的表，来安排该做的事。今天我的表上有 90 个项目，我要完成它们的 95%。这就是纪律，因为我不允许任何人浪费我的时间。我并不粗鲁，但我会用一种周到而幽默的方式告诉你，你的时间到了。”

## 体谅(Empathy)

你善解人意。你能体会到他人的感受,就像体会你自己一样。你能凭直觉通过他们的眼睛看世界,并分享他们的观点。你未必赞同每个人的看法。你未必怜悯每个人的困境。那是“同情”,而不是体谅。你未必赞成每个人的选择,但你的确理解他们,而这种理解的本能是威力无穷的。你能听到无声的提问。你能预料到需求。别人为寻找词汇而搜索枯肠,你却总能找到恰如其分的词汇和语调。你帮助别人寻找合适的语句向自己或他人表达情感。你帮助他们倾诉其情感生活。由于所有这些原因,其他人被你所吸引。

**“体谅”主题突出的人会这样说:**

**阿利斯·J,行政主管:**“最近,我参加了一次受托人会议。其中一人提出了一个对于她本人和这个组织的生存都至关重要的新观点。可当她讲完时,没有人予以注意,没有人真正听懂她。她对此极度沮丧,我能从她的面部表情看出来。其后一两天内,她闷闷不乐。我看在眼里,便与她交谈,并使用恰当的词汇来描述她的感受。我说,‘有些事不对’,于是她开始说话。我说,‘我的确理解你。我知道这对于你是多么重要,也知道你心中不快’,如此等等。在我的启发下,她终于道出真情。她说:‘你是惟一听我意见和与我讨论的人。’”

**布赖恩·H,行政主管:**“当我的团队进行决策时,我喜欢说:‘OK,这人会怎么说?’‘那人会怎么说?’换言之,把你自己放在他们的位置上想一想,让我们从他们的角度思考这些观点,这样就会更有说服力。”

**珍尼特·P,教师**:“我从未打过篮球,因为我小时候没有女子篮球项目,但我看篮球比赛时能判断球赛的走势。我此时希望去告诉教练:‘快给球员打气,要输球了。’体谅在人多时也有用,你能搭准人群的脉搏。”

## 公平(Fairness)

平衡对你很重要。你深知需要公平待人,无论其社会地位如何。因此,你不希望天平过于倒向任何个人。你确信这将导致自私自利和个人至上,使某些人凭借关系或背景,或通过贿赂而获得不公平的优势。你对此深恶痛绝。你自视抵御这种倾向的卫士。与这种裙带世界截然相反,你深信只有在规则明确而人人适用的恒定的环境中,才能发挥每个人的最大潜能。因为在这样的环境中,每个人都了解对其的期待,一切都可以预测并不偏不倚。一切都公平。在这里,每个人将有平等的机会施展才华。

**"公平"主题突出的人会这样说:**

**西蒙·H,酒店总经理:**"我经常提醒我的高层经理,不要滥用他们的停车特权,或凭借他们的地位,不顾等待服务的客人而去练打高尔夫球。他们讨厌我这样做,但我就是这样的人,讨厌别人滥用特权。我还花大量时间和我们的小时工在一起。我对他们非常尊重。事实上,我告诉我的经理们,地位越低的员工,我对他们越好。"

**杰米·K,杂志编辑:**"我是一个同情弱者的人。我不愿看到有人因为他们生活中无法控制的情况而失去公平的机会。为了落实我的观点,我计划在我的母校设立一项奖学金,专门资助家境困难的新闻专业学生到新闻单位实习,而不必继续支付他们的学费。我是幸运儿。我到纽约 NBC 广播公司实习时，我的父母能支付得起。有些家庭则不能,这些学生应当获得一个公平的机会。”

**本·F,运营经理:**“我的座右铭是,论功行赏。如果我参加一次会议，提出一个实际上由我的助手首先提出的观点,我就会当众说明功劳归于他。为什么这样?因为我的上司始终对我这样。所以我现在认为只有这样做才公平和正确。”

## 专注(Focus)

“我正走向何方?”你扪心自问。这一问题每天都萦绕脑际。在专注主题的指引下,你需要一个明确的目的地。没有它,你很快就会对自己的生活和工作一筹莫展。因此,每年,每月,甚至每周,你都在制定目标。这些目标如同罗盘,帮助你确定重点,并进行必要的修正,以保持航向。你的专注主题十分强大,因为它迫使你进行过滤;你本能地判断某个行动是否有助于你达到目标;无助于此的便被放弃。你的专注最终迫使你提高效率。毋庸讳言,这种模式的另一面是,它使你难以忍受拖延、障碍,甚至迂回,而无论它们多么引人。这使你成为一名极其可贵的团队成员。当别人开始溜向“有趣的”岔道时,你会及时把他们带回正路。你的专注主题提醒每个人,如果一件事不能帮助大家通往目的地,那它就无关紧要。而如果它无关紧要,那就不值得为它浪费时间。你确保每个人都目不斜视。

**“专注”主题突出的人会这样说:**

**尼克·H,电脑公司主管:**“效率对我至关重要。我能在两个半小时内打一场高尔夫球。我在电子数据系统公司工作时,设计了一份问卷,使我能在15分钟内检查各个部门的工作。公司创始人罗斯·佩罗称我为‘牙医’,因为我能安排一整天这样进进出出、一次15分钟的会议。”

**布莱德·F，销售主管：**“我总是在排序，力图发现达到目标的最佳途径，继而避免浪费时间和行动。例如，我常常接到多个顾客的电话，要求我为他们联系售后服务部门。为了避免干扰当天的工作安排，我不是来一个电话就接一个，而是集中在下班前接，然后一并处理。”

**迈克·L，行政主管：**“我善于有序安排工作，把定方向，令别人感到惊奇。当管区内的人争论不休或遇到人为的障碍而裹足不前时，我能跳跃过去，拨正方向，继续推进。”

**多兰·L，家庭主妇：**“我喜欢单刀直入——无论是交谈、工作，还是和我丈夫外出购物。他买东西喜欢试来试去，而且乐此不疲，而我只试一样，如果我喜欢并且价格不离谱，我就会买。我是一个外科手术式的购物者。”

## 前瞻(Futuristic)

“如果这样，那该多好……”你是个喜欢遥望天际的人。未来使你着迷。未来如同墙壁上的投影，在你眼中维妙维肖。这幅细致入微的图画催你奋进，奔向明天。虽然未来图景的具体内容取决于你的其他优势和兴趣——更好的产品，更好的队伍，更好的生活，或更好的世界——它将永远给你以灵感。你是一个幻想家，能看到未来的种种可能，并珍视这样的想象。当现实使你一筹莫展，而你周围的人又过于世俗时，你就会唤起对未来的憧憬，继而精力倍增，同时振奋别人。事实上，人们往往期待你描述对未来的种种遐想。他们希望看到一幅画卷，来提高他们的眼界，继而燃起激情。你能为他们描绘这幅画卷。不断实践。字斟句酌，越生动越好。人们将拥抱你所带来的希望。

**“前瞻”主题突出的人会这样说：**

**丹·F，学校主管：**“在任何情况下，我都会说：‘你有没有想过？……我想如果我们能够……我不相信我们干不成，只是没有人干过而已……让我们想想怎么干。’我总在寻找各种方案，寻找各种不受现状羁绊的途径。事实上，世上没有所谓的现状。你不是前进，就是后退。这就是生活的现实，至少我这么看。眼下我认为我这行正在后退。州立学校在输给私立学校、特许学校、家庭学校和网络学校。我们必须摆脱传统，创造一个新的未来。”

**简·K，实习医师**：“在我们的诊所，我们推出了一个名叫‘Hospitalists’的组织。目前，病人住院期间，往往从一名医生手中转到另一名医生手中，我想代之以一组默契配合的医护人员。我设想15至20名不同性别和种族的医生，加上20至25五名护士。我们将组建4至5个新型医护单位，其中大部分将与外科医生合作，提供术前服务，并照料住院的老人。我们的目的是重新定义护理。我们不仅在病人住院期间照料他们，如果一名病人入院接受人工膝盖手术，‘Hospitalists’小组的一名成员就会对他进行术前检查，在他术后住院期间继续护理，并在手术6周后对他再作检查。我们将向病人提供一段完整的医护服务，从而避免他们因频繁转换医生而被忽视。为了获得资金，我把细节想得格外周到，并不时对科主任描述我心目中的图画。我想，我的描述维妙维肖，他们不得不给我拨款。”

## 和谐(Harmony)

你寻求共识。你认为，冲突和摩擦有害无益，所以你尽量将其化小。当你发现周围的人意见不一时，你力图求同存异。你力图使他们避免对抗，寻求和谐。事实上，和谐是你的核心价值。尽管无济于事，有人却总想将自己的观点强加于人，这在你看来真是难以置信。我们如果避免固执己见，转而寻找共识和支持，岂非效益大增？你对此深信不疑，并照此原则待人处事。当别人鼓吹他们的目标、权益和神圣的信条时，你却守口如瓶。当别人朝着某个方向冲去时，你为了维系和谐，心甘情愿地修改自己的目标，以求与别人保持一致（只要他们的基本价值与你相符）。当别人为他们钟爱的理论或概念大发宏论时，你却避开争论，宁可讨论有可能建立共识的实际问题。在你看来，我们都在一条船上，必须同舟共济。这是条好船，大可不必为了逞能而乱晃它。

**“和谐”主题突出的人会这样说：**

**简·C，修女：**“我喜欢人。我善于跟人打交道，因为我很会调整自己。我入乡随俗，所以不讨人嫌。”

**查克·M，教师：**“我不喜欢课堂上发生冲突，但我学会让事态自然发展，而不试图立即干涉。我刚开始教书时，如果有人说一句消极的话，我就会想：‘你为什么非要这么说？’然后力图驳斥它。但现在我会鼓励学生各抒己见，这样我们对相同的题目就会有各种不同的看法。”

**汤姆·P，技师**：“我记得很清楚，我10岁或11岁时，一些同学会争起来。出于某种理由，我会插到他们当中，调和矛盾。我是和平使者。”

## 理念(Ideation)

你为理念而痴迷。什么是理念?理念就是概念,就是对大部分事件的最合理的解释。当你透过复杂的表层,发现一个精彩而简明的概念,继而解释事物的本质时,你会喜不自胜。理念是一种关联。你的头脑总在寻找关联;因此,当表面截然不同的现象被某个不起眼的纽带联系在一起时,你会感到新奇。一个理念是对习以为常的挑战的全新见解。你乐于将我们熟知的世界转一个圈,让我们从一个陌生但充满新意的角度看它。你喜爱所有这些理念。因为它们深刻。因为它们新颖。因为它们能正本清源。因为它们引发争论。因为它们怪诞。由于所有这些原因,每当你产生一个新理念时,你都为之一振。别人可能视你为锐意创新、标新立异、富于理性或聪明过人。也许这些你都是。谁能说得准呢?你确信无疑的是理念使你激动不已。而大多数日子里,这就足够了。

**"理念"主题突出的人会这样说:**

**马克·B,作家:**"我的大脑的工作方式是发现事物之间的联系。前几天,我在卢浮宫寻找蒙娜丽莎的画像。我转了一个弯,发现成千上万的闪光灯在对着那幅小画像闪个不停。不知何故,我记下了这个景象。接着我注意到一个'禁止拍照'的牌子,把这个景象也记忆在心。我觉得很奇怪,因为我记得书上说闪光灯对画有害。大约6个月后，我读到，蒙娜丽莎本世纪至少两次被盗。我幡然醒悟。对这一切的惟一解释是，真正的蒙娜丽莎并未在卢浮宫展出。真的蒙娜丽莎已经被盗，而博物馆不敢承认他们失职，便展出一幅赝品。当然，我不知道真情是否如此。但是，这故事太棒了。"

**安德烈亚·H，室内装修设计师：**"我有一种思维习惯，一切都必须浑然天成，否则我就会忐忑不安。在我看来，每一件家具都代表了一个创意。它既是单独地又是与其他所有的家具共同地完成一个明确的功能。每一件家具的'创意'在我头脑中都十分强烈，必须服从。如果我坐在一间屋子里，发现椅子似乎没有起到它们应有的功能——要么是风格选错了，要么是方向放错了，要么是太靠近咖啡桌——我就会发现自己身体不适，精神恍惚。此后，我无法忘掉它。我会在凌晨3点醒来，想象自己走进那人的房子，重新布置家具和粉刷墙壁。这种现象从我很小的时候，大约7岁时就开始了。"

## 包容(Inclusiveness)

“扩大圈子”,这就是你的人生准则。你希望拉人入伙,使他们感到自己是团队的成员。有的人只参加排外的小团体;你截然不同,处处避免排外团体。你希望扩大团体,使尽可能多的人受益于团体的支持。你最不愿目睹有人站在圈外旁观。你请他们进来,给他们温暖。你天生是一个来者不拒的人。无论什么种族、性别、国籍、性格,还是信仰,你从不妄作评判。评判可能伤及他人的感情,不到万不得已,何必这么做呢?你之所以来者不拒,并不是因为你深信人各有别,继而应当彼此尊重差异,而是因为你确信我们在本质上彼此相同。我们一样重要。因此,谁也不应被忽视。我们每个人都有份。这是我们的基本权利。

**“包容”主题突出的人会这样说:**

**哈里·B,安置顾问:**“早在小时候,虽然我生性害羞,但我总是刻意邀请别人来玩。在学校组织比赛队伍或挑选比赛各方时,我从不反对任何人参加我们。事实上,我还记得,我10岁或11岁时,我有一个朋友不是我们教会的——他是一名天主教徒。一天晚上,我们出席一次教堂宴会,他突然出现在门口,因为通常那天晚上是我们孩子的活动日。我立即起身,把他介绍给我父母,并请他在桌边坐下。”

**杰里米·B,辩护律师:**“我刚开始工作时,每见到新人,都觉得相见恨晚,立即成为铁哥们。可没想到,有的人有一大堆麻烦，而我已经邀请他们参加晚宴和我们的社交圈。我的合伙人马克问我:‘你究竟为什么想拉这人入伙?’接着我们就琢磨我与他们初识时是什么按动了我的按钮,使我那么喜欢他们。马克和我所关注的就是这方面。因为我一旦接受了一个人,就不会抛弃他。”

**贾尔斯·D,公司培训师**:“在授课时，我能觉察出谁开始脱离小组讨论，然后马上把他们引回来。上星期,我们对绩效评估进行了长时间的讨论,可有一位女士一言不发。于是我说:‘莫尼卡,你做过绩效评估。有什么高见?’我确信这样做对我教学很有用,因为如果我对一个问题没有答案，往往经我动员发言的人会替我回答。”

## 个别(Individualization)

你的个别主题使你对每个人的与众不同之处兴趣盎然。你不能容忍一概而论或简单归类,因为你不想抹煞个人特点。相反,你关注个人差异。你本能地观察每个人的风格、动机、思维方法和交际方式,倾听其独一无二的生活经历。这一主题说明为什么你能为朋友选择恰到好处的生日礼品;为什么你知道有人喜欢,而有人讨厌当众受表扬;为什么你能因人施教,对有的人手把手地教,而让别的人"自己琢磨"。由于你密切观察别人的优势,你就能使每个人真正人尽其才。这一个别主题还有助于你建立高效的团队。有人寻求完美无缺的团队"结构"或"过程",而你的直觉告诉你优秀团队的秘诀在于根据个人优势分配工作,使每个人都能多做他们最擅长做的事。

**"个别"主题突出的人会这样说:**

**莱斯·T,礼仪经理:**"卡尔是我们的一名明星员工,但他仍必须每星期见我一次。他只需要一点点鼓励和关注,并且每次见完面都会情绪高涨。而格里格却不喜欢经常见面,所以我无需打扰他。如果我们见面,都是为了我,而不是为他。"

**马沙·D,出版主管:**"有时我走出办公室,会像漫画中画的那样,看到每个人头上有个圈圈,里面写着他们在想的事。这听起来有些怪异,是不是?但它总在发生。”

**贾尔斯·G，销售经理**：“我干这行是新手，但我记得很早以前我们在一次会议上为一个问题争论不休。我恼了，突然想：‘这些人从没见我发火。今天我就发一次，看看每个人如何反应。’于是我发起火来，同时饶有兴趣地看到有人默默接受，有人起身争辩，还有人低头不语。每个人的反应都帮助我更好地了解他们，对我将来的管理都有用。”

**安德烈亚·H，室内装修设计师**：“如果你问别人他们的风格是什么，他们往往答不上来。于是我就问他们：‘这房子里你喜欢呆在哪里？’我一问这个，他们的眼睛就亮起来，欣然把我带到那里去。从这里我就能推断他们是什么样的人，有什么风格。”

## 搜集(Input)

你充满好奇。你爱攒东西。你可能搜集各种信息，譬如词汇、事实、书籍和语录。你也可能搜集有形的东西，如蝴蝶、垒球卡、瓷娃娃或老照片等等。无论你搜集什么，你这样做是因为你感兴趣。你好奇心不泯。世界的激动人心之处就在于其多姿多彩，变幻无穷。如果你博览群书，你的目的未必是完善你的理论，而是积累更多的信息。如果你喜欢旅行，那是因为在新的地点你能发现新奇的文物和轶事。这一切均可供收藏。为什么它们值得收藏呢？你在收藏之时，常常说不清什么时候或为什么需要它们，可谁能说准它们什么时候用得着呢？由于想到各种用途，你什么都舍不得丢弃。所以你不断搜集、整理和储存坛坛罐罐。这很有趣，它使你思维常新。而且，也许某一天，有些东西会变得很珍贵。

**“搜集”主题突出的人会这样说：**

**埃伦·K，作家：**“我小时候就发现自己什么都想知道。我把问问题当成游戏。‘今天我有什么问题？’我会想出这些荒诞不经的问题，然后寻找能回答它们的书看。我常常为此而神魂颠倒，生啃我根本看不懂的书，我确信书中有我要找的答案。我的问题成为我的工具，使我一条一条地积攒信息。”

**约翰·F,人力资源主管:**“我认为互联网是自面包片以来最伟大的发明。我过去常有走投无路之感,而现在如果我想了解股市某些方面的情况,或某个比赛的规则,或西班牙的总产值,或其他什么事情,我只需往计算机前面一坐,上网搜寻,就能找到。”

**凯文·F,销售员:**“我有时对自己头脑里攒的垃圾惊讶无比。我喜欢玩 Jeopardy 和 Trivial Pursuit 这样的游戏。我不在意扔东西,但我讨厌浪费知识或积累的知识,或无法读完我喜欢的东西。”

## 思维(Intellection)

你喜欢思考。你喜欢思想活动。你喜欢锻炼你的大脑“肌肉”，把它们四面抻扯。这种对思想活动的需求有可能是专注的，专注的焦点取决于你的其他优势。例如，你可能努力解决一个问题，或酝酿一个创意，或了解另一个人的感受。另一方面，这种思维活动很可能漫无边际。思维的主题并不一定限定你思考的具体内容，它只是说你喜欢思考。你是一个喜欢独处的人，因为这样你才能沉思冥想。你性格内向。在某种意义上，你是自己最好的伴侣，因为你扪心自问，并在自己身上测试答案。当你把自己的实际作为与你所思考的所有想法相比时，你的这种自省可能会使你略为不满。此种自省也能导致你关注现实问题，例如当日所发生的事件，或你准备进行的一场谈话。无论它把你引向何方，这种不停的思考都是你生活中的一个固定内容。

**“思考”主题突出的人会这样说：**

**劳伦·H，项目经理：**“我想偶尔结识我的人会认为我是一个心直口快的直性子。我不否认我喜欢交往。但别人做梦也不会想到，为了能够合群，我经常需要离群独处。我真的喜欢与自己为伴。我喜欢独处，因为这样我就能让我散乱的心绪重新获得灵感。我的妙点子都是这样产生的。我的点子需要加温，然后‘蹦出来’。我小时候就用过这样的字眼：‘我把点子放进去，然后等它们蹦出来。'”

**迈克尔·P，营销主管：**“很奇怪，我只有在喧闹中才能集中精力。我不能让我的大脑完全空着，否则它会四面八方地胡思乱想，以至于我一事无成。如果我打开电视，或孩子们在身边乱跑，我反而能更好地集中精力。”

**乔治·H，工厂经理和前政治犯：**“我们过去常常被关进单身牢房，作为一种惩罚。但我从不像别人那样痛恨这种待遇。你可能会觉得孤独，但我从没有这种感觉。我利用这一机会思考自己的一生，自己的为人，自己看重的事，自己的家庭和价值。令人不解的是，单身囚禁使我平静下来，变得更坚强了。”

## 学习(Learner)

你热爱学习。你最感兴趣的题目取决于你的其他主题和经历。但无论是什么题目,你总是受到学习过程的吸引。过程,而不是内容或结果,最使你兴奋。从无知到熟练的扎实而执著的进程使你精力倍增。入门的快感;初学者背诵或实践学到的内容;掌握一门新技术而日益增强的信心——这些学习的过程深深吸引着你。你对学习的激情促使你参加各种成人教程——瑜迦、钢琴,或研究生课程等等。它使你能在变动无常的环境中应付自如,无论是分配你完成一个应急项目,还是反复要求你在短时间内成为某个新题目的行家。学习主题并不一定意味着你力图成为某个专题的专家,或追求伴随某种专业或学术头衔的荣耀。相比之下,更重要的是学习的"路程",而不是具体结果。

**"学习"主题突出的人会这样说:**

**安妮·M,执行主编:**"我如果不在学新东西,就会变得坐立不安。去年,虽然我工作干得很欢,但我觉得没有学够。于是我开始学跳踢踏舞。挺荒唐,是不是?我知道我永远不可能登台表演,但我喜欢钻研踢踏舞的技术细节,每星期都取得一点进步,从初级班升到中级班。过瘾极了。"

**迈尔斯·A,运营经理:**"我7岁时,我的老师常对我父母说:'迈尔斯虽不是全班最聪明的孩子,但他像海绵一样求知。他可能会有大出息,因为他不断推动自己掌握新知识。’现在,我正开始上商务旅行西班牙语课。我知道要学会西班牙语会话,达到完全自如的水平,是不可能的,但我至少希望到那去旅行,并且能听懂。”

**蒂姆·S,高级经理辅导员:**“我的一名客户好奇心极强。因为不能想做什么就做什么,他气得发疯。我则不同。我整体上不那么好奇。我喜欢深入钻研一个题目,达到熟练水平,然后用在工作上。例如,最近我的一个客户想让我和他一起去法国的尼斯办商务。于是我着手搜集关于那个地区的信息,买书,上网。我觉得这样研究很有趣,也很喜欢,但如果不是因为到那儿去工作,我是不会去研究的。”

## 完美(Maximizer)

你的标准是优秀,而不是平均。把低于平均的业绩稍微提高到平均之上需要艰苦努力，且无法使你满足。而把本已不俗的业绩转变成出类拔萃,需要相同的努力,但远比前者激动人心。优势,无论属于你自己还是别人,都使你着迷。如同一名打捞珍珠的潜水员,你四处搜寻优势的蛛丝马迹。无师自通、一学就会、掌握技术浑然天成——所有这些都说明某种优势在起作用。发现优势后,你感到必须培育它,改进它,将它充分发挥,直到炉火纯青。你不停地摩擦珍珠,直到它银光四射。由于你对优势情有独钟,别人会认为你不能一视同仁。你更愿与欣赏你优势的人相处。同样,你喜欢结交发现并培养自身优势的人。你避开力图修理你,使你样样精通的人。你不想终生哀叹自己的欠缺;相反,你想发挥你的天生优势。这样更开心,更有效,并且,与常人所思相反,要求更高。

**“完美”主题突出的人会这样说:**

**加文·T,空中乘务员:**“我教了10年健美操。我刻意要求学员关注他们对自身满意的地方。我们每个人的身体都有一些地方我们希望改变,希望能不一样。但是如果我们关注这些方面,就会丧失自信,会变成恶性循环。所以我会说:‘瞧,你不必这样。相反,让我们关注你喜欢自己的地方，这样，我们在挥汗苦练时，就会感觉好得多。”

**艾米·T，杂志编辑：**“我最讨厌的事，莫过于收拾一篇写得很臭的稿子。如果我告诉作者一个明确的主题，而她却交来一篇驴唇不对马嘴的劣作，我就几乎无法作评论。我会干脆把稿子退给她，说：‘请你重写一遍。’另一方面，我最爱干的事是拿到一篇基本到位的稿件，然后把它改得十全十美。这里改一个字，那里删一句话，寥寥数笔，就成了一篇美文。”

**马歇尔·G，营销主管：**“我最善于确定重点，然后在前进过程中建立团队精神。但我不善于战略思维。所幸的是，我有一个了解我这个特点的领导。我们共事好几年了。他找来合适的人进行战略思维，同时推动我尽力发挥确定重点和建设团队的特长。我有一个这样思考的领导，真是三生有幸。每每想到我的领导熟知我的优势和弱点，而且从来不揪住我的弱点不放，我就觉得更加安全，更加敢于冲锋陷阵。”

## 积极(Positivity)

你慷慨赞人,笑容可掬,不失时机地捕捉亮点。有人说你无忧无虑。还有人但愿能像你一样乐观豁达。无论怎样,人们喜欢与你相处。有你在,他们的世界就更加美好,因为你的热情是如此富有感染力。由于缺乏你的精力和乐观,有的人感到他们的世界重复而乏味,甚至压力重重。你似乎总能设法活跃他们的心灵。你为每个项目注入欢乐。你庆祝每一项成就。你千方百计使每一件事都生机勃勃,激动人心。你由于精力充沛,会受到某些玩世不恭者的排斥,但你的积极主题使你很少灰心泄气。你内心深处确信:活着无比美好;工作充满乐趣;无论遇到什么挫折,都不应失去幽默感。

**"积极"主题突出的人会这样说:**

**格里·L,空中乘务员:**"飞机上的乘客总是那么多,所以我多年来特意在每次航班上挑选一两名乘客,然后给他们一些特殊的惊喜。毫无疑问,我对每个人都会彬彬有礼,向他们提供我自己希望得到的专业服务,但是我更愿意通过讲笑话、交谈和小游戏让一个人或一个家庭感到受到特殊礼遇。"

**安迪·B,互联网营销主管:**"我是一个不甘寂寞的人。我爱读杂志。如果我读到有趣的东西——一家新商店,一种新唇膏,随便什么——我就会逢人便说:'嘿,你得去这家店看看,真是酷呆了。瞧这些相片,眼见为实。’我说起这些事来眉飞色舞，使别人禁不住照我说的做。我并不是超级推销员。不是的。事实上，我讨厌逼人成交，讨厌找人麻烦。是我的满腔热情打动了别人：‘天那，这一定是真的。’”

**森尼·G，传播经理：**“我认为世界上消极的人够多了。我们需要更多的积极的人，更多关注世界的光明面的人。消极的人只会使我心灰意懒。在我原来的工作单位，有一个人每天早上都会到我办公室来怨天尤人。我只能想着法儿来躲他。看到他来了，我就会跑到卫生间去，或别的什么地方。他使我觉得世界是个悲惨的地方。我对此真是烦透了。”

## 交往（Relator）

你的交往主题描述你对人际关系的态度。简言之，交往主题使你与熟人的关系更紧密。你未必羞于结交新人——事实上，你可能有其他主题，使你从结交新朋友中获得无穷乐趣——但你的确从保持密友交往中汲取巨大的欢乐和力量。你对亲密关系感觉自然。一旦与人结识，你就会有意深化关系。你希望了解他们的情感、他们的目标、他们的恐惧和他们的梦想；你希望他们用相同的方式了解你。你深知这种密切关系不无风险——别人可能利用你——但你甘愿接受这种风险。对你来说，惟有真诚的关系才有价值。而检验关系是否真诚的惟一方式便是完全信任别人。你与别人分享的越多，你们共同承担的风险就越多。你们共同承担的风险越多，你们各自就越能证明彼此关爱是真诚的。这就是你建立真诚友谊的步骤，而你这样做完全是心甘情愿的。

**“交往”主题突出的人会这样说：**

**托尼·D，飞行员：**“我过去是海军陆战队的飞行员。在我们那里，‘朋友’这个字眼非同小可。你需要无条件地信任别人。我记不清有多少回把自己的生命交给别人。我在跟着别人飞，如果他有什么差错，我就没命了。”

**杰米·T，企业家：**“我与人交往绝对是有选择的。

当我与人初识时，我不会花太多时间。我不了解他们，他们也不了解我，所以我们只是寒暄一番。但是如果形势发展使我们加深相互了解，我就觉得好像过了一个门槛，突然希望增加投资。我会敞开心扉，为他们操忙，为他们做各种会加深相互关系和表示我的关爱的事情。说来可笑，因为这辈子我并不想再交朋友，我的朋友已经够多了。可是，在我碰到的新人中，只要过了门槛，我就会情不自禁地深化关系。现在我手下有 10 人，我把每个人都视为非常亲密的朋友。”

**加文·T，空中乘务员：**“我有许多非常可爱的熟人，但是称得上推心置腹的朋友的人却不多。对此我并无不适。我最痛快的时光是和我最亲近的人，例如我的家人，一起度过的。我们家是一个十分紧密的爱尔兰天主教家庭，我们经常聚会。我们家人很多——我有 5 个兄弟姐妹和 10 个侄儿——但我们大约每月聚会一次，狂欢一场。我是发起人。我只要回到芝加哥，即使没有人过生日或庆祝周年，我回家就成为聚会和一起玩三四天的理由。我们在一起时真是痛快无比。”

## 责任(Responsibility)

你的责任主题促使你在心理上对你的诺言负全责。你一旦作出承诺，无论大小，你从感情上就觉得有义务将其完全落实。你的名声有赖于此。如果由于某种原因你不能兑现，你会自动寻找其他途径给对方以补偿。仅仅道歉是不够的。托辞和辩解是完全不可接受的。你不作出补偿，就会寝食不安。你的这种自觉性，这种几乎是走火入魔的行为准则，这种无可挑剔的道德标准，使你作为完全可以信赖的人而美名四扬。当分配新任务时，人们会首先想到你，因为他们知道你说到做到。他们很快就会向你求助——但你必须有所选择，从而避免因为乐善好施而力不从心。

**“责任”主题突出的人会这样说：**

**哈里·B，安置顾问：**“我曾是一家银行分行的年轻经理。一次，公司总裁突然决定取消一处房产的抵押赎回权。我说：‘我不反对，但是我们有责任让顾客获得充分补偿。’但他不同意。他想把房产按所欠差价卖给一个朋友，并断言我的问题是无法将商业道德与个人道德相区分。我说，你说对了。我无法区分，是因为我当时和现在都不认为，一个人能使用双重标准。于是我辞职不干了，回去当负责环境卫生，一小时挣5美元的林务员。由于我和我太太有两个孩子，养家糊口不容易，这是一个痛苦的决定。但现在回想起来，在某种意义上，这样做一点都不痛苦，因为我无法忍受在一个道德标准如此低下的公司里工作。”

**凯利·G，运营经理**：“11月，负责瑞典的地区经理给我打电话：‘凯利，请你把我要的库存推迟到1月1日起运。’我说：‘没问题，听起来是个好主意。’我把计划传达给我的手下，以为一切就绪。可到了12月31日，我在外出滑雪时出于谨慎而查阅信件，竟发现他的订货已经起运，而且开了发票。我立即给他打电话解释一切。他是个好人，所以没有骂人，但他十分生气和失望。我感到无地自容。道歉是不够的，我必须亡羊补牢。当天下午，我从滑雪山庄接通了公司的审计主管，设法把他的订货款额从他的帐面转到我们的帐上。为忙这事，我把周末基本赔了进去。但这样做是对的。”

**奈杰尔·T，销售主管**：“我过去常常觉得手中有一个金属块，而天花板上有一块磁铁。我什么事情都会报名干。后来我不得不学会对此加以控制，否则就会忙不过来，最后陷入没完没了的自责。我现在认识到，我不可能对世上所有的事情负责——那是上帝的事。”

## 排难(Restorative)

你热衷于排忧解难。其他人遇到新困难往往一筹莫展,而你却干劲倍增。面对分析症状、判断问题和解决问题的挑战,你无比兴奋。你可能会喜欢实际的、抽象的、或个人的问题。你可能会寻找你过去多次遇到并自信能解决的问题。或许当你遇到复杂而陌生的问题时最为激奋。你的具体偏好将取决于你的其他优势和经历。但可以肯定的是,你喜欢手到病除。判断故障,排除问题,起死回生,使你其乐无穷。你本能地感到,没有你的介入,这个东西——这部机器、这门技术、这个人,这家公司很可能会停转。你修好了它,救活了它,使它重燃生命之火。或者用你自己的话说,你拯救了它。

**“排难”主题突出的人会这样说:**

**奈杰尔·L,软件设计师:**“我现在还清楚地记得小时候做木工的板凳,还有锤子、钉子和木头。我喜欢修东西,拼东西,做各种小玩意儿。现在我设计电脑软件也是一样。你写一个程序,如果不顶用,你就回过头去,修修改改,直到它顶用为止。”

**简·K,实习医生:**“在我生活中,这个主题以各种方式起作用。例如,我最爱干的事是动手术。我喜欢治外伤,喜欢进手术室,喜欢缝合。在手术室里妙手回春,使我感到其乐无穷。尽管如此,我的一些最可贵的经历是在垂死的病人床前度过的,不干别的,就是谈话。看到病人克服愤怒，转而接受命运的安排，与家人一一话别，然后带着尊严离开。当我和孩子们在一起时，这个主题每天都释放能量。当我看到3岁的女儿第一次扣衣服，把扣子扣歪时，就会情不自禁地帮她扣好。我必须设法控制这种冲动，因为她需要学习。但是，乖乖，那真难。”

**玛丽·T，电视制片人：**“制作早间电视节目从根本上说是一个愚不可及的过程。如果我不爱解决问题，那活就会把我逼疯。每天都会闹一些大毛病，逼我寻找问题，解决它，然后继续干。如果我手到病除，我就会情绪高涨；另一方面，如果我回家时问题犹存，我的感觉就会完全相反。我会觉得吃了败仗。”

## 自信(Self - Assurance)

在你的心灵最深处,你对自己的优势充满信心。你深知你是个有能力的人——有能力冒风险，有能力接受新的挑战，有能力提出要求，并且更重要的是，有能力履行诺言。然而不仅如此，由于具有自信的主题，你不仅对自己的能力,而且对自己的判断充满信心。当你观察世界的时候,你深知你的视点与众不同。而由于没有人看问题的角度与你完全一样，你知道没有人能为你作决定;也没有人能告诉你如何去思考。他们能够引导，能够建议，但只有你才有权作结论，下决心，去行动。这种权威，这种对自身生活方向的终极负责，并不使你畏惧。相反,它对于你顺乎自然。无论碰到什么情况,你似乎总能悟出该做什么。这一主题给你罩上一层神机妙算的光环。你与许多人不同,从不轻易被别人的论点所左右,无论他们多么巧言令色。这种自信既可能深藏不露，也可能一目了然，这取决于你的其他主题。但它根深蒂固，牢不可破。一如舰船的龙骨，能抵御各种压力,使你把稳航向。

**“自信”主题突出的人会这样说:**

**帕姆·D,公共服务主管:**“我在爱德荷州的一个农场上长大，上的是一所乡下的小学校。一天，我从学校回到家，对我母亲宣布，我要转学。当天早上，我的老师对我们说，由于学校的孩子太多，三个孩子需要转到另一所学校去。我考虑片刻，觉得结交新朋友是个好主意，便决定成为其中之一——尽管为此我要早起半小时，并且坐校车要走得更远。当时我刚 5 岁。”

**詹姆士·K，销售员**：“我对自己从不怀疑。无论是买一件生日礼物，还是买一所房子，当我作出一项决定时，我常常觉得非此不可。能作的决定只有一条，于是我照此决策。晚上我高枕无忧，我的直觉果断、坚决、难以抗拒。”

**德博拉·C，急诊室护士**：“如果急诊室有人死亡，别人便要我来接待死者家属，因为我充满自信。昨天，我们这里一个患精神病的女孩犯了病，大喊大叫，说有魔鬼缠身。其他护士吓坏了，但我知道该如何对付。我进屋对她说：‘凯特，来，躺下，让我们一起做犹太教祈祷：Baruch Atah Adonai, Eloheinu Melech Haolam。’她回答：‘说慢点，我跟你学。’我照办了。于是她慢慢重复。她并不是犹太人，但她平静下来，倒在枕头上，说：‘谢谢。我只要这些。’”

## 追求(Significance)

你希望在别人的眼中非同凡响。你希望获得真正意义上的“认可”。你希望自己的意见受到重视。你希望出人头地。你希望出名。你尤其希望别人了解和赞赏你的独特优势。你渴望别人赞扬你是一个可信赖和专业化的成功人士。同样,你希望与可信赖和专业化的成功人士交往。如果他们不是这样,你就会推动他们朝此努力,直到成功,否则你就会弃他们而去。你天性独立,希望自己的工作是一种生活方式而不仅仅是一种职业。在工作中,你希望获得充分的自由,按你自己的方式做事的自由。你对自己的渴望感受强烈并付诸行动。为此,你的生活中充斥着你所渴求的目标、成就或资格。无论你的目标如何——每个人的目标都与众不同——你的追求主题都将不断将你升高,摆脱平庸,通往卓越。这个主题推动你不断追求。

**“追求”主题突出的人会这样说:**

**玛丽·P,医疗主管:**“女人几乎从第一天就被告知‘不要太高傲,不要太锋芒’,诸如此类的陈词滥调。但是我意识到,我们可以有权力,可以有自豪感,可以有抱负。并且我需要对这一切进行管理,使之朝正确的方向发展。”

**凯西·J,律师事务所合伙人:**“从我记事时起,我就觉得自己与众不同,能发号施令,建功立业。在60年代,我是事务所的第一位女合伙人。我仍记得我进入一个又一个董事会的会议室,是在场惟一的女性。回想起来,真是奇怪。一切都不容易,但我想我喜欢引人注目的压力。我喜欢当'女'合伙人。为什么?因为我知道,别人要忘掉我很难。我知道每个人都会注意我。"

**约翰·L,内科医生:**"我一生一世都觉得自己在台上。我始终意识到自己面对观众。如果我见一个病人,我想要这个病人把我看成他/她遇到的最好的医生。如果我教医学院的学生,我想成为他们遇到的最好的医学教师。我想赢得年度最佳教员奖。我的上司是我的一个大观众,使她失望会要我的命。想到我的自尊掌握在别人手中,真是很可怕。但另一方面,这使我始终不敢掉以轻心。"

## 战略(Strategic)

战略主题使你能够透过日常琐碎，寻找前进的捷径。它不是一种可以教授的技能,而是一种与众不同的思维方式,一种独特的世界观。有了这种世界观,别人被复杂的事物所迷惑时,你却能识别其中的规律。你将规律牢记在心,尝试各种不同的方案,不断问自己:“如果发生这种情况会怎样？如果发生那种情况会怎样？”这些不断出现的问题帮助你预防不测。如此,你便能够精确判断潜在的障碍。你看清各条路径的走向,就能进行筛选。你筛去死路。你筛去直通屏障的路线。你筛去通往混乱和迷茫的路线。你不断筛选,直到你选定一条路线——这就是你的战略。有了战略武装，你开始出击。这就是你的战略主题的运作模式:“倘若……会怎样？”筛选,出击。

**“战略”主题突出的人会这样说:**

**利亚姆·C,厂长:**“我似乎总能在任何人之前看到事情的后果。我必须对我的手下说:‘放开你们的眼量,沿着道路向远方看。让我们讨论明年的目标。这样,明年这个时候,我们就不会遇到相同的问题。’这一切对我似乎不言自明,但是有的人眼中只有这个月的数目,并以此决定其他一切。”

**维维安·T，电视制片人:**“我小时候喜欢逻辑问题。比如:‘如果A等于B,B等于C,A等于C吗?’时至今日，我总是设想各种结果，观察事情的走向。我想这使我成为一名优秀的采访者。我深知一切都事出有因，每个符号，每个词汇，每个语调都有意义。所以我寻找这些线索，并思考它们，分析它们的走向，然后根据我的见解设计问卷。”

**西蒙·T，人力资源主管**：“我们的确需要在某个阶段向工会挑战。我发现了一个机会，一个向他们挑战的好事由。我看出他们正朝一个方向走，而如果他们继续走下去，就会陷入各种麻烦。果然，他们继续走下去，而他们到达时，我就在那里等着呢。我想我天生就善于预测别人会干什么。而当那人作出反应时，我就会迅速迎击。因为我早就坐下来说过：‘OK，如果他们这么干，我们就这样干。如果他们那么干，我们就那样干。’这就像驾驶一艘帆船一样，你朝一个方向航行，但是你时而偏向这边，时而偏向那边，不停地计划和反应，计划和反应。”

## 取悦(Woo)

取悦的英文原意是把别人争取过来。你酷爱的挑战就是结识新人并赢得其好感。你从不怕见生人。相反,你见到生人精力倍增。你受他们的吸引。你想知道他们的姓名,问他们问题,寻找与他们的共同兴趣,以便攀谈,建立友情。有的人避免与人攀谈,因为他们担心话不投机。你则不然。你不仅从不辞穷,而且喜欢主动与生人攀谈,因为打破坚冰,建立联系使你心满意足。而一旦关系建立,你就高高兴兴地把它搁置一边,继续前进。还有新人要结识,还有新的房间要进去,还有新的人群要交际。在你的生活中是没有生人的,只有尚未谋面的朋友,许多许多朋友。

**"取悦"主题突出的人会这样说:**

**德博拉·C,出版主管:**"我的一些最要好的朋友最初是在走廊里偶尔认识的。说来真无奈,但是我天生就是个见面熟。我遇到的每个出租车司机都向我求婚。"

**玛里琳·K,学院院长:**"我不认为我在交朋友,但是别人把我当朋友。我见到别人会说,'我爱你',我是当真的,因为我由衷地爱人。但是朋友?我没有多少朋友。我不认为我在交朋友。我要找的是关系。而我对此很在行,因为我知道如何得到别人的赞同。"

**安娜·G,护士:**"我认为我有时有点害羞。通常我不会迈第一步。但我的确善于让别人放松。我的很多工作就是幽默。如果一个病人反应迟钝，我就得现编现演滑稽剧。我会对一个 80 岁的老翁说：'嗨，帅哥。坐起来，让我帮你脱衬衣。很好。现在把衬衣脱了。哇，瞧这胸脯！'如果是孩子，你就会慢慢开始，问：'你几岁啦？'如果他们说'10 岁'，你就说：'真的？我像你这么大时，已经 11 岁了'——用这样的傻话来打破僵局。"

# Ⅲ

# 发挥优势

# 第五章 你在问的问题

发展我的优势有什么障碍吗？

我为什么应当关注自身标志主题？

我的标志主题排序有意义吗？

主题描述的语句并不完全适合我，为什么？

我的一些主题与有的人相同，可为什么我与他们不一样？

有没有“相互对立”的主题？

如果我不喜欢现有主题，我能培养新的主题吗？

如果我专注于自身标志主题，会不会发展道路狭窄？

我如何控制弱点？

我的主题能证明我现有的职业选对了吗？

你已经接受了“优势识别器测试”,已经了解了自己的五大主题,也看到了有关这些主题的描述和引语。如果你的反应与大多数人一样的话，自然会想到一些问题。根据以往的经验,我们列出了最常见的几个问题,相信我们的回答能化解你最迫切的疑问。

# 发展我的优势有什么障碍吗?

是的，除了你所在组织的政策（这一点将在最后一章中讨论）之外，还有一个障碍在阻碍你的进步。这就是你自己不积极。

这听起来可能很奇怪。有谁会不愿意发展自己的优势呢?事实是许多人都不积极。许多人不悉心探究自身优势,相反,他们花费大量的时间和精力来研究自己的弱点。我们曾问他们这样的问题:“你认为哪种做法最有助于自身进步,是了解你的优势,还是了解你的弱点?”

不管我们问的是美国人,英国人,法国人,加拿大人,日本人还是中国人,也不管问的是青年还是老年,富人还是穷人,教育程度很高还是不高,回答几乎一样:弱点,而不是优势,最需要关注。应当承认,我们得到的回答不无差异。最注重优势的文化是美国,有41%的人声称,了解优势最能帮助他们进步。最不注重优势的文化是日本和中国，只有24%的人认为成功的关键在于优势。然而,尽管回答各异,但总体看来,世界上大部分人都不认为进步的秘诀在于深入了解自身优势(有趣的是,各种文化中最不为自身弱点而走火入魔的是55岁以上的老年群体。真是年纪越大越聪明。可能他们已经或多或少接受了自己,已经认识到掩盖自身缺陷的种种努力是徒劳的)。

在我们为此书而进行的所有研究中，上述发现可能是最令人惊讶的,因而需要做些解释。为什么那么多人不愿关注自己的优势?为什么弱点这么令人着迷?除非我们正视这些问题并予以解答,你为发展自身优势而作出的种种努力就会半途而废。

理由繁多,因人而异,但是,所有这些理由都起源于三个最基本的担心:害怕弱点,害怕失败和害怕真实的自我。

## 害怕弱点

对于我们许多人来说，对自身弱点的害怕压倒了对自身优势的信心。如果把生活比作一场纸牌游戏,我们每人手中既有优势牌,也有弱点牌,但是我们大部分人认定弱点压倒优势。

例如,如果我们擅长推销,但不擅谋略,我们一定会关注谋略方面的欠缺，因为我们认定，不擅谋略总有一天会坏我们的事,不是么?如果我们擅长建立良好关系,但不擅表达,我们就会报名参加演讲培训班,因为演讲是成功的必要条件,不是么？不管弱点是什么,也不管优势是什么;对优势我们熟视无睹——至多夸耀两句——弱点则不同,弱点领域才是“机会所在”。

在教育领域和家庭中,关注弱点的传统根深蒂固。我们曾问许多父母：假设你的孩子带着这样的成绩单回家：英语A,社会学A,生物C,代数F,那么,哪个科目你们会花最多的时间来与儿女讨论？有77%的父母选择代数,只有6%选择英语,而选择社会学的人更少,只有1%。显然,代数成绩需要关注,因为要在学校取得进步并升入大学，孩子是不能在某一科目上不及格的。但是,我们的问题是小心措辞的:哪个科目你们会花**最多**的时间来与儿女讨论?不管现代教育制度的要求如何,难道真应当把最多的时间花在孩子的弱点上吗？

这种弱点取向在研究和学术界同样源远流长。美国心理学会前主席马丁·塞利格曼在最近的一次学术报告中声称，他发现，关于抑郁症的研究超过4万，而关于幸福、快乐和满意的研究仅有40。一如代数的例子，我们并不是说，抑郁症不该研究，抑郁症是一种严重的病症，患者理应获得科学所能给予的全部帮助（事实上，由于上世纪后半叶科学界对精神疾病的关注，我们已经发明了医治14种精神疾病的方法）。问题在于失衡。我们满脑袋只有弱点和疾病，以致于对优势和健康无所知晓。用马丁·塞利格曼的话来说："心理学是半生不熟的，这样说毫不夸张。我们熟知精神疾病，熟知损伤和修补。但对另一半却是陌生的：优势的那一半，我们擅长的那一半，使我们的生活美好的那一半。"

不言而喻，我们每个人都有弱点。对于某些人是轻而易举的事情，对于另一些人可能难上加难。如果这些弱点干扰了我们的优势，就需要想出一些策略来控制它们（详见本章后半部）。然而，为了拨乱反正，我们必须记住，关注并设法控制弱点，虽然有时确有必要，但只能帮助我们避免失败，而不可能帮助我们出类拔萃。塞利格曼告诉我们——我们采访的许多有卓越表现的人们也告诉我们——惟有了解并加强自身优势才能出类拔萃。

早在20世纪30年代，杰出的思想家和心理学家卡尔·荣格[1]就说过："如果目的是摧毁、瓦解或削弱，批评会卓有成效。但是如果目的是建设，批评只会造成伤害。"

## 害怕失败

害怕失败是一种通病：因为失败从来不是有趣的事，所以我

1. 卡尔·荣格（Carl Gustav Jung, 1875—1961）：瑞士心理学家。（译者）

们当中的一些人情愿不冒这个险。面对辉煌人生的挑战,这种对于失败的惧怕格外顽固,而不易消除。

失败也不全是一样的。有些失败很容易应对,对于这种失败,我们通常能找到借口,继而避免损及自身形象。这在幼儿园("嘿,我还没有准备好")和在工作单位("我想这不是我的专长")听起来不大一样,但是道理是相同的。当失败的原因与我们的为人之本无关时,我们可以接受它。

但有的失败却如鲠在喉,令人耿耿于怀。此类失败中最持久和最令人沮丧的是,我们选择自己的某个优势,夸下海口,全力以赴,结果仍惨遭失败。这种失败真是叫人痛苦难言。还记得电影《烈火战车》中的短跑运动员亚伯拉罕吗?他在一场准备已久的竞赛中失利后,无奈地对女友喃喃低语:"我发誓,我不可能跑得更快了。"

无论我们是像亚伯拉罕那样与别人竞赛,还是按自己的标准来评价自己,当我们扑下身子,寻找优势,却呼之不出时,失败的感觉是最彻底的。尽管别人好言相告:"再试一次,再试一次",我们遇到这种情况却无法摆脱绝望。"我发现了才干,将它发展成优势,公诸于世,千锤百炼,到头来还是失败!我该怎么办?"

发挥优势却惨遭失败,本已令人恐惧,而使这种恐惧雪上加霜的是,公众最乐于取笑的,莫过于那些声称优势却遭遇失败的人。想想上世纪 90 年代初唐纳德·特朗普[1]的破产险情,还有理查德·布兰森[2]推出新口味可乐(Virgin Cola)的种种波折。我们很少有人敢发誓,自己看到这些大人物的海口落空时没有几分快意。我们的某些卑下本能使我们对于别人的不幸喜不自胜。并且可悲的是,这种幸灾乐祸与对方的自大成正比。他们越

1. 唐纳德·特朗普(Donald Trump):美国大地产商。(译者)

2. 理查德·布兰森(Richard Branson):英国 Virgin 公司总裁。(译者)

自大,我们对其失败越高兴。

由于这两个原因,我们许多人避免发展优势的"张扬"。相反,我们呆在工作室里弥补缺陷。这是勤奋,这是谦逊,这是社会所尊敬的。不幸的是,如前所述,弥补缺陷从来不会将你引向卓越。那你该怎么办?怎样才能克服这种对发挥优势却陷于失败的巨大恐惧呢?

你很可能无法根除对自身失败的惧怕或对别人失败的快意。两者看来都扎根于许多人共有的人性之中。然而,你如果仔细分析它们,至少能破除对它们的迷信,使它们不至于阻碍你去发展自身优势。

我们从自大的问题谈起。毕生发展自身优势是自大狂吗?我们的研究表明,根本不是。发展自身优势与自大狂是两码事。自大狂是你夸下海口,却光说不练,就像"戴着大帽子,没有一头牛"的牛仔。这种瞎诈唬的生活态度才是人们取笑的对象。

但是发展自身优势并不一定与自大有关,它所关联的是责任。对于与生俱来的才干,你无需自傲;就像你对于自己的性别、种族或头发颜色无需自傲一样。你的天生才干是上帝的恩赐或出生的巧合——究竟是哪一种,要看你的信仰而定。无论是哪一种,都与你无关。然而,能否将才干发展成优势,却与你大有关系。这是你的机会,抓住了,就能把握自身才干,并通过专注、学习和实践而发展成为持续的近乎完美的表现。

从这个观点看来,避开你的优势而专注于弱点,不是勤奋和谦逊的表现,而可以说是不负责任。相反,最负责任、最具挑战性,并且就忠实于自我而言最值得尊敬的任务,就是直面潜伏在你天生才干中的优势,并努力将它充分实现。

你会失败吗?当然有可能。建立辉煌人生意味着你必须让业绩来作你自身优势的最后仲裁。准确度量的业绩是铁面无情的。毋庸讳言,有时你声称具有优势,却获得不利的评判。

那又如何？最糟又能怎样？假设你识别自身一项才干，将它发展成一个优势，却没有达到预期目标。是的，这很痛苦，但是你不应就此崩溃。这是个学习的机会，可以“吃一堑，长一智”，如此往复。若下次努力仍未如愿，那怎么办？当然，你会觉得更加痛苦。但是，你应从中有所感悟：也许，你的优势不在这里。虽然受到刺痛，但至少你可以更有效地重新寻找优势。正如机智的W·C·菲尔兹[1]所建议的：“如果第一次不成功，再试一次。再不行就放弃。没有理由愚弄自己。”

这个建议说来容易，却难以实施。但是你如果在发展优势的过程中，有时进步，有时后退，不必气馁，因为辉煌人生就是这样的。这个过程——行动、学习、改进、再行动、再学习、再改进——尽管看来很笨拙，却是辉煌人生的实质。辉煌人生要求你大胆、感知敏锐、倾听外界对业绩的反馈，并且，最重要的是摈除种种干扰，不断研究自身优势。卡尔·荣格说得一针见血：“忠实于自我是……面对生活的勇敢行动。”

不过，我们要提醒你：时刻警惕一个可能伤害你的危险：错觉。当你屡试屡败却毫无察觉时，你就可能受到误导。你自认为有演讲的优势，却没看到听众昏昏欲睡。你自认为是销售明星，却从不觉得奇怪为什么没人来买。你自视文斯·隆巴迪[2]后最伟大的管理者，却没有注意到，当你四处巡视时，员工们都在躲避你。最危险的是，你记录下了可怜的业绩，却找出千万条理由来说明这一切与你无关。错觉加上否认是致命的。

如果你染上这样的病，那么本书中的一切都治不好你。我们只能明告你，受你伤害最重的正是你自己。哲学家巴鲁克·斯宾诺莎[3]曾经说：“成为自己，成为我们能成为的人，是生活的惟一

1. W·C·菲尔兹(William Claude Fields, 1880—1946)：美国著名演员。(译者)
2. 文斯·隆巴迪(Vince Lombardi)：美国著名足球教练。(译者)
3. 巴鲁克·斯宾诺莎(Baruch Spinoza, 1632—1677)：荷兰哲学家。(译者)

目标。"你可以不同意他的话,但是,你生活的目标之一肯定是发现并运用你的优势。如果你的感官受到错觉和否认的麻痹,你就会停止寻找这些真正的优势,结果过着一种别人生活的二流版本,而不是你自己的生活的辉煌版本。

## 害怕真实的自我

你之所以不愿研究自身优势,很可能是因为你不认为你的真实自我有什么惊人之处。无论我们用什么名称——自卑感、"骗子综合症",或老套的不安全感——这样的症状我们都不陌生。尽管不无成就,你仍然怀疑自己是否真如人们所想的那样富有才干。你怀疑,也许是运气或环境,而不是你的优势造就了你的成功。你耳边老是有一个焦虑的声音:"你什么时候会原形毕露?"尽管你的理智结论相反,但这话你却听进去了。

这部分地说明,为什么人们在被要求描述其优势时,很少提及自身才干。相反,他们会谈到自己一生中获得的身外之物,如证书、文凭、经验和奖励。这些是"证据",能证明他们取得了进步,获得了一些可以拿出手的宝贝。

我们并不是说这种恐惧是完全消极的。毕竟,不安全感的反面是自满。然而,我们确实要提醒你,如果由于害怕收获不丰而不去研究自身优势,你就可能错失你的优势。我们之所以"提醒",是因为很多人把自己的优势视为当然。我们与优势朝夕相处,由于来得太容易,所以不予珍惜。正如纽约人久居闹市而听不到警报和喇叭,我们与优势靠得太近,继而熟视无睹。

几年前,布鲁斯·B被授予美国最显赫的教师奖。据他的同事、学生及家长所言,他善于创造一个既专注又体贴的学习环境。盖洛普有一项研究杰出成就的计划,其中有他。我们采访了他,并进行优势反馈。他最突出的才干之一是体谅,所以我们说他是多么了不起,能察觉每个学生的感受,并使其觉得自己被关心和理解。我们描述这个才干主题如何使他能听到未说出口的问题,能预见每个学生的学习障碍,并能调整其教学风格来帮助学生们绕过这些障碍。我们生动地描述他如何将这个才干发展成巨大优势。

我们讲完时,布鲁斯坐在那儿,一脸茫然。他毫不惊奇,也不感兴趣,甚至看不出受到恭维的任何迹象。他只是感到困惑。

他问道:“难道不是每个人都这么做吗?”

答案当然是:“不,不是每个人都这么做的。但是,你这么做了。布鲁斯,你这么做了,这使你干这行出类拔萃。如果每个教师都像你这么体谅,他们都会像你一样出色。但他们没有。”

布鲁斯落入我们很多人都会落入的陷阱。他忍不住会注意每个学生情绪的蛛丝马迹。他忍不住要对这些情绪做出反应。他忍不住要分担学生们的痛苦和欢庆他们的成功。正因为这都是他忍不住去做的,所以他并不珍视。一切都易如反掌,平淡无奇,理所当然:“难道不是每个人都这么做吗?”

有一句格言:不识庐山真面目,只缘身在此山中。你一辈子都生活在自身优势的山中,所以不奇怪,慢慢地你就视而不见了。我们希望,通过揭示你的五个标志主题,能向你表明,你对周围世界的本能反应——那些你“忍不住”去做的事情——不是平淡无奇和理所当然的。正相反,你的本能反应是独一无二的,它们使你有别于其他任何人。它们使你异乎寻常。

# 我为什么<br>应当关注自身标志主题?

优势识别器的主要目的不是对你进行总结，或提供一个完整的个性肖像。相反，优势识别器旨在帮助你达到持续的近乎完美的表现——出色而令人满足的表现。发展优势需要专注，这有几个理由。

首先，虽然你无疑经历过成功和满足，但是辉煌人生的秘密在于不断重复这种美妙时刻。为此，你必须深刻理解这些时刻，你需要识别哪些优势在起作用，以及它们如何组合而形成业绩，或使你满足，或既形成业绩、又带来满足。你需要**有意识地增强能力**。即使拥有五大才干主题，要有意识地增强能力仍非易事。

其次，如果你仔细观察，业绩平平的人与持续作出近乎完美表现的人之间的差别是很小的。表现近乎完美的人很少做非常特别的事。面对日常成百上千的决策挑战，他只不过作出了几个更加合适的选择。

到底是几个？在棒球队里，你如果每 1，000 次击球能击中 270 次，就是一名二流选手。如果每1，000次击球能击中 320 次，你就会被尊为棒球联盟中最优秀的选手之一。所以，棒球界的一般选手与超级巨星之间的差别大约是每个赛季 25 个更准确的决定(每个赛季每名击球手平均击球500次)。在职业高尔夫球界,一般选手与顶级选手之间的差别同样很小。顶级高手平均每轮打27杆。一般选手平均打32杆。

在工作场所，苦苦挣扎的销售员与销售状元之间的差别也许只是每周多打三个电话，或者在销售演示中多接受听众的两个情感信号,或者在交谈中不失时机地多作一句介绍。员工的良师益友与平庸的老板之间的差别也许只是多问几个问题和多几分倾听。无论你的职业是什么,持续的近乎完美表现的秘密就在于这些细枝末节。

要在这些细枝末节上出彩是需要专长的。你必须研究自身最强的几个才干主题,琢磨它们如何组合而成你的优势。如果你这样去想，就会豁然开朗，发现要从平庸升至卓越，你只需把重点从一个主题移到另一主题，或者在某个特定领域深化你的知识。

例如,如果你的一个主题是"搜集",你就可能发现,你虽然博览群书,却没有记住有趣的文章和事实。于是,你决定将每周的阅读方式稍加改变,做个剪报夹,至少每季度将其中内容全部重读一遍。你很快发现,有了大量的新鲜信息武装,你变得更有洞察力,更善于助人,更会创新。

也许你的一个标志主题是"关联"。它给你的个人生活带来满足,但你从未想过将它用于你的工作。于是你做出调整。你有意识地与同事讨论他们各自的努力如何聚合成团队的整体业绩。你特别指出,一个人对细节的关注如何为另一个人的工作带来方便。你强调共同目的和相互支持。如此,你在公司中逐渐出了名,被誉为最佳团队创建人。

即使是完善一个主题,使之成为真正的优势,对于你的自我意识和机智都是一次检验。而要雕琢所有五个主题则需要一生的努力。

# 我的标志主题排序有意义吗？

从技术上讲，答案是肯定的，但在实际意义上，答案是否定的。“优势识别器测试”评价你的每个反应，计算出你最强的几个主题，然后将你的五大主题依次排出。因此，从技术上讲，列在首位的主题就是你的最强主题，而列在第五位的主题则是你的第五强的主题。

然而，我们建议你不要太看重标志主题的排序。首先，你的第一主题与第五主题，或其他主题之间的实际差别很可能非常小。在数学世界里，差别的确存在，但在真实世界里，它们可能没什么意义。

其次，“优势识别器测试”的实际目的是揭示你的**占主导地位的**思维、感觉和行为方式。此处我们要区分你的标志主题和你的反应主题。标志主题对于你具有引导作用。无论情况如何，它们都过滤你的世界，迫使你以某种贯穿始终的方式去行动。相比之下，你的反应主题只是偶尔起作用，通常在某种特定的情况下起作用。

例如，如果你的一个标志主题是“伯乐”，你就会积极寻找机会帮助别人成功。你念念不忘他们的成长。如果“伯乐”是反应主题，那就只有当别人坐在你的对面，就其职业生涯向你求教时，它才会展现。同样，如果“战略”思维是你的标志主题，那你遇到每一种情况都会问“如果……怎样”。无论你在淋浴、慢跑,还是夜里躺在床上，你的思绪都无法静止，本能地思考各种应急计划。而如果“战略”是你的反应主题,那它只有在拟定五年计划时才会起作用。

有时,反应主题也能派上用场。只要各种条件都具备,它们能使你基本完成工作。但是,你的标志主题却从不需要暗示。它们之所以威力强大,恰恰是因为出于本能。从第一到第五的每个主题,都能自我激发,因而是发展优势的关键因素。

# 主题描述的语句并不完全适合我，为什么？

在某种意义上，这 34 个主题并不真正存在。我们不可能在某人头脑的一个角落找到“成就”，在另一个角落找到“信仰”。每个人贯穿始终的思维、感觉和行为模式是由他的大脑网络中的布线决定的。有的线路十分结实，而有的线路则残缺不全。由于各种明显的原因——基因遗传、教养、文化——每个人的网络都是独一无二的。

当盖洛普采访两百万优秀工作者，来研究人的优势时，我们所研究的是每个人的独特网络结构。相比之下，当我们决定综合这些研究结果，并发明一种共同的语言来解释人的优势时，我们不得不忽略这一独特性。相反，我们将最常见的线条编织成模式，而这些模式就成为优势识别器中的 34 个主题。在描述中，我们试图捕捉每个模式或主题中最主要的线条，但鉴于每个主题都是一种综合，很可能某些线条不像另一些线条那样能引起你的共鸣。

将比喻扩展一下，主题是模式，正如格子呢、涡旋纹花呢和人字呢都是模式一样。每一件人字呢夹克的纺线都略有不同，但仍被认为是人字呢。同样，如果你拥有“竞争”主题，吸引你的比赛可能与吸引其他主题相同者的比赛不同，但是，你们在各自在意的比赛中都不会自诩为“大度的失败者”。

# 我的一些主题与有的人相同，可为什么我与他们不一样？

很少有人与你的标志主题完全相同（事实上，五大主题有3,300万个可能的组合，所以遇到与你完全相同的人的几率非常小）。鉴于你的五个主题都不是孤立的，上述发现便有意义。每个主题都与其他主题密切相联，而且会由于这些联系而有所修正和改变。下述一对主题的演化即是一例，说明通过替换其中的一个主题，就会使行为模式整体改变。

“理念”主题描述了一种对理念和关联的热衷。“回顾”主题则描述对事情来龙去脉的一种本能的探索。两者结合便产生一个富有创造力的理论家，他花时间搜寻过去的线索来解释现在。一个极端的例子就是查尔斯·达尔文。他惊奇地发现加拉帕格斯群岛雀类的鸟喙大小和形状各异，继而开始构思其自然选择理论的框架。

现在变一下。保留“理念”，但用“前瞻”——一种对未来潜力的迷恋——来代替“回顾”。“理念”与“前瞻”结合创造出一个梦想家，他能从现在的情形中分辨出关键趋势，然后推断10年后这些趋势如何形成合力。想想微软董事长比尔·盖茨及其栩栩如生的目标——一家一台计算机。

现在保留“前瞻”，但把“理念”改为“信仰”——用一套通常是利他的核心价值观来指导个人生活。“前瞻”与“信仰”结合也能产生梦想家,但其梦想与上述大不相同。比尔·盖茨及其同类想象的是一个更美好的世界,而"前瞻"/"信仰"的梦想家想象的必然是一个更美好的**人民的**世界。他所关心的不是其理想多么创新,而是能产生什么实际效益。马丁·路德·金可能是一个最动人的例子。他不但将其一生奉献给种族平等,而且用这一价值观描绘了一幅未来的生动图画:黑人女孩能与白人男孩在同一个喷泉饮水,坐在同一间教室里,手拉手走在同一条街道上。

最后,保留"信仰",将"前瞻"改为"交往"——渴望了解别人并建立密切的关系。"信仰"与"交往"的结合创造出传教士,而不是梦想家。这个人没有时间沉溺于灵感和想象,那太遥远,太虚无飘渺。相反,她想见到她正在帮助的人,她想知道他们的名字,了解他们的独特境遇。惟有这样,她才确信自己在实践自身价值观。这个人使我们想起了特里莎嬷嬷,而不是马丁·路德·金。

我们仅仅改变两个主题之一,就从达尔文越至特里莎嬷嬷。如此,你就可以理解为什么你的行为会大大不同于那些与你共享一个、两个,三个,甚至四个标志主题的人了。所以,切勿孤立地考察你的每个主题。相反,应当考察每个主题如何改变其他主题,设法了解其组合效果。这就是自知之明的秘诀。

# 有没有“相互对立”的主题?

对此的回答是否。传统的个性测试往往基于这样的假设:很多人类性格特征是互相排斥的。例如,你或是内向,或是外向,但不可能既内向又外向。你或是利己,或是利他;或是武断,或是随和;或是前瞻,或是怀旧。这种非此即彼的假设被纳入调查问卷。每个问题均经过特殊设计,如果你在某个性格特征上得分,就会自动在相反的性格特征上失分。这类问题被称为“自模”(ipsative)问题,这意味着,如果两种性格特征你都有,问卷将阻止你把两者都表现出来。

“优势识别器测试”不是这样设计的,理由很简单:这种非此即彼的假设并不适用于实际世界。在采访中,我们发现成千上万的人拥有初看相互矛盾的主题。大卫·G是好莱坞一家电影公司的总裁。他的两大主题是“取悦”(热爱把别人争取过来的挑战)和思维(喜欢独自沉思)。其“取悦”主题使他一天能打几百个电话,以求为他的公司吸引好电影。他的“思维”主题则赋予他一种沉思的风格,使他能进入剧本人物的内心世界,并与作家进行内心交流。当我们就这一不和谐的表象询问大卫时,他说“取悦”主题和“思维”主题对他来说可谓天造地设。“我是这么一种人,最怕参加聚会,但一到场又如鱼得水。"

再举一例。莱斯利·T是一位投资银行家。她有两大似乎"对立"的主题:"和谐"(尽可能避免冲突)和"统率"(敢于争辩)。"作为业主联合会的主席,我必须领导附近一个园林项目的招标过程。因为是桩大合同,我想亲自主持。然而联合会的一名委员在会上提出由他来管,因为他了解业务,有建筑界的朋友,理由说了一大堆。我本想坚持,但见他非常强硬,就同意了。然而一个月以后我看到合同时,却发现他根本没有招标,而是等到最后一刻把合同给了他的一个朋友。我非常生气。这事很棘手,因为我并不是他的老板。尽管如此,我还是下决心不让他滑过去。于是我约他见面,直言相告我是多么失望,事情很难办。事实上,时至今日,我们的关系仍很僵。"

这只是成千上万个例子中的两个。我们发现一些教区牧师处处帮助别人("信仰"主题),却仍然好胜("竞争"主题)。我们还发现有些营销人员既热爱概念("理念"主题),又迷恋数据和证据("分析"主题)。我们甚至发现一些作家,其对过去的热情("回顾"主题)与对未来的憧憬("前瞻"主题)同样强烈。这些组合或许不协调,却证明对个人难以简单分类。我们每个人都与众不同,有时妙不可言,有时不可思议,但永远与众不同。我们设计优势识别器测试的目的就是为了揭示这种惟一性。实际上,这意味着,拥有某个主题绝不排除你拥有其他任何一个主题。

# 如果我不喜欢现有主题，我能培养新的主题吗？

简短的回答是否。“优势识别器测试”测量你对一系列配对陈述的瞬时反应。通过将这些反应归纳成模式，测试旨在识别你的大脑网络中最强大的方面，即你的标志主题。如前所述，这些标志主题是贯穿始终的。无论你多么渴望改变你自己，这些标志主题都难以改变（我们进行过反复测试研究，让300个人做了两次测试，其两次测试结果之间的相关系数是0.89，而完全相关是1.0）。

然而，在你锁定你的五大主题之前，我们要提醒你两点。第一，虽然你的标志主题一生不变，但你可以学习新知识和技能，而这些新的知识和技能很可能会将你引向一个全新的舞台。

在研究中，我们采访了丹妮尔·J，其“体谅”和“统率”主题帮助她成为一名优秀的新闻记者。她的“体谅”才干使她的被访者不觉拘束，而“统率”才干又使她敢于提尖锐的问题。由于这些才干（加上她善于把洞察写成文章），她表现出色，被提升为特写编辑。然而，干了10年之后，她突然关闭计算机，重新安排生活，到重症收容所当了一名治疗师。

她觉得，当记者虽然有趣，但不能令她满足。母亲长期生病期间，她多次去医院，继而受到启发。她重新审视生活，发现自己如果参与帮助那些失去亲人的家庭，就能做出更大的贡献。于是她参加学习，成为一名治疗师，并到当地一家重症收容所工作。有趣的是，尽管她现在用的知识和技能完全不同，同样的“体谅”和“统率”主题仍在指导她的行为并帮助她取得佳绩。“体谅”不仅帮助她判断病人的痛苦是生理还是心理的，而且引导她寻找最恰当的言语来帮助病人家属宣泄心中的困惑。用她自己的话来说，这使她能在正确的情感方位与病人的家庭“汇合”。

她的“统率”主题甚至更为有效。她这样描述“统率”主题在其新职业中的作用：“当家属们获知他们的亲人即将死亡时，他们的第一反应是惊愕。他们无法相信。他们愤怒、困惑，常常拒绝接受事实。这时他们最不需要过分多情。相反，他们需要有人指挥。他们需要有人告诉他们，下一步怎么走，该准备什么和做什么。我发现自己非常善于根据他们的愿望控制局面。我提供了他们所需要的权威和方向。”

丹妮尔只是一个例子。成千上万的人像她一样，虽然主题未变，但通过学习新的知识和技能而改变了生活轨道。或许你自己也是一例。你可能认同舞蹈演员布莱恩·M。当他挂上舞鞋，转而学习法律之后，他对舞台的热爱（“追求”主题）就变成了对法庭讲台的热爱。你也可能认同教师吉利安·K。她帮助别人学习的渴望（“伯乐”主题）在她转行到一家医药公司后起到新的作用。作为一名产品支持人员，她的职责是向医生们讲解新药的功能。

一如丹妮尔、布莱恩和吉利安，你可以通过学习新的知识和技能而开始新的生活。如果你感到被自己的标志主题所困，那就学习他们的例子。你虽然无法对你的大脑重新布线，但通过学习新的知识和技能你**能**重新定位生活。你虽然不能发展新的主题，但你**能**发展新的优势。

第二,你可以决定接受第二次“优势识别器测试”。做完后,你可能发现五大主题报告单上出现一两个新的主题。发生了什么事?难道你改变了吗?难道你突然发展了新的标志主题?不,不是这样的。你的整体反应模式并无改变。但你的个别反应模式略有变化,结果,你的第六和第七主题向前越升,替换了原有的两大主题。主题的排序有了变化,但你的本质未变(警告:如果由于某种原因,你接连做了三次“优势识别器测试”,切勿相信测试结果。你做第三次测试时,测试中至关重要的自发性已经减弱,致使测试信度大打折扣)。

# 如果我专注于自身标志主题,会不会发展道路狭窄?

这是常见的问题和合理的担忧。你担心,由于专注于自身标志主题,你会变得过于自我投入,继而无法或不愿对周围多变和多样的世界做出反应。你想象自己变得眼光狭隘、孤芳自赏,成为一个不敢越雷池一步的专家。

然而,你如果想得深一些,就会发现这些担忧是没有道理的。通过关注你的五大主题,你会变得更强大、更坚定、思想更解放,并且更重要的是,你会更看重那些主题与你截然不同的人。

我们在研究中采访了许多宗教领导人。其中一位修道院院长这样描述她的人生哲学:"我试图这样度过我的一生,当我死后上帝问我'你过好我给**你的**生活了吗'时,我能问心无愧地回答'是'。"

无论你的宗教信仰是什么,"你过好你的生活了吗"这个问题可能令人畏惧。这意味着,你要过一种对你来说是特定的生活,而其他任何生活都是虚假和不可信的。鉴于我们很多人对生活漫不经心,同时隐隐地觉得自己在随波逐流,我们甚至害怕考虑这个问题。而且这种恐惧束缚了我们。由于缺少自知之明,我们就根据自己获得的知识和取得的业绩来界定自我。如此,我们就不愿改换事业或学习新招,因为在新的事业中,我们不得不抛弃原有的宝贵经验和专业成就,不得不抛弃我们的身份。

此外,由于缺少自知之明,我们就不愿了解别人。相反,我们同样用他们的教育、性别、种族等表面指标来界定他们。我们用这样的泛泛而谈来逃避现实。

无论是新经验还是新人,由于缺乏自知之明,我们往往对其他事物漠不关心。但是这种情况你是可以避免的。通过关注你的五大主题,你就能获得自知之明,就会明白你没有随波逐流,就会了解你的成功和业绩不是偶然的。你的标志主题影响到你所做的每一个决定。你的五大主题解释了你的成功和业绩。这种自知之明会导致自信。你就能勇敢面对那个令人畏惧的问题:"你过好你的生活了吗?"你就可以这样回答,不管你选择什么专业,也不管你的职业道路如何发展,只要你在运用、改进和完善你的五大主题,那么你就过好你的生活了。这种自知之明也会使你对外界更加开放,更好奇。

例如,这种自知之明会给你自信,去探索新的事业。才干主题的神妙之处就在于它们适用于各种不同的情况。上述记者/治疗师丹妮尔之所以能戏剧性地改变事业,是因为她知道其"体谅"和"统率"才干在新的岗位上同样有效。这一点同样适用于舞蹈演员/律师布莱恩和教师/产品专家吉利安。他们都不得不将在原职业中取得的成功和业绩抛在身后,但他们把自己的五大才干主题带到新职。通过加深对自身标志主题的理解,你同样可以考虑事业大变迁,或在本单位横向调动,因为你知道你能将自己的最佳才干随身携带。

同样,自知之明将给你自信,使你摆脱各种"应当"的束缚:你"应当"成为律师、医生或银行家,因为父母期待你这样;你"应当"接受提升进入管理层,因为公司和社会期待你这样。这些"应当"可能采取各种形式,但不管是什么形式,它们都对你施加巨大的压力，而且不幸的是，它们对你的天生才干充耳不闻。要抵御压力，另辟蹊径，最好的方法就是识别你的标志才干主题。如果你想度过辉煌人生，这些主题和它们所铸就的优势才是惟一值得你听从的“应当”。

最后，通过关注你的独特主题，你将赢得自信来欣赏其他人的主题。为什么？因为你越是擅长识别自己的标志主题组合，你就越对自己的惟一性充满自信。无论你是什么种族、性别、年龄和职业，你深知没有人像你这样看世界。不言而喻，如果你与众不同，那么别人也一定与众不同。撇开表面上的相似之处，每个人对世界的看法都有细微而重要的区别。你可能珍惜攀登下一座山的挑战（“成就”主题），而另一个人可能渴望为别人服务（“信仰”主题）。你可能擅长从数据中发现模式（“分析”主题），而另一个人却能从你的发现中看到发展远景（“前瞻”主题）。你可能天生擅长建立关系网，因而在你需要时有人为你两肋插刀（“取悦”主题），而另一个人却能与这些人建立更亲密的关系（“交往”主题）。

与常人所思相反，你对自身主题的细枝末节越精通，就越能识别并珍惜别人主题的细枝末节。相反，你越不尊重自己的主题组合，就越不尊重别人的主题组合。

# 我如何控制弱点?

那么,你的弱点怎么办呢?如前所述,我们很多人对自身弱点都耿耿于怀。无论我们如何为自身优势而骄傲,无论这些优势有时发挥得如何淋漓尽致,我们总在担忧,我们的弱点像猛兽一样潜伏在我们的灵魂深处。我们希望,你现在已经明白,你身上的弱点并没有这么可怕——不会是一头猛兽,倒会是一个小精灵。但是,如果让这个小精灵为所欲为,它也会为害不浅。因此,最好的做法不是陶醉于自身优势而无视弱点,而是尽量发挥自身优势,同时**设法控制**你的弱点。那么,什么是控制弱点的最好办法呢?

首先,你需要知道什么是弱点?我们的定义是:弱点是**妨碍你出色发挥的因素**。有人可能认为,这是不言而喻的。但是在进一步讨论之前,切记,这并不是大多数人会采用的定义。我们大多数人都会赞同韦氏和牛津英语辞典上给出的定义:弱点是“我们不在行的领域”。如果你要努力依靠自身优势来立身处世,我们就劝你避开上述定义。原因很简单:一如我们所有人,你不在行的领域多得数不清,但是它们大多数无须担心。为什么?因为它们并不会妨碍你出色发挥,它们无关宏旨。对于它们,你无须采取什么措施,置之不理就是了。

例如,如果你不会使用质谱仪,或者不知道元素在周期表上的次序,这些都算不上弱点,因为你八成不是一名专业的科学家。你也许会在某次知识问答的游戏中陷入难堪,但除此之外,你不会为不精通这些领域而有丝毫不安。

上述例子一目了然,因为其所涉及的是专门的知识和技能。但是如果涉及到才干主题,又会怎么样呢?如果你不擅“战略”,我们是否应该将此列为你的一个弱点,鼓动你加以控制呢?根据我们对弱点的定义,对此的回答是:如果你不善于进行战略思维,这**并不是**你的一个弱点,正像你不知道圆周率 π 的平方根是多少不算弱点一样。在生活中,有成千上万种工作并不需要你玩“如果……那么”的游戏或制定各种应变计划。因此,你缺少“战略”主题不过是一种欠缺,一个空位,你不必在意。

《小精灵》一片中的小精灵,如果被泼上水或在午夜后喂食,就会变成小捣蛋。同样,无关宏旨的欠缺在一种情况下会变成真正的弱点:一旦你所做的工作需要你所缺少的一种才干或你并不掌握的技能和知识,你的弱点就诞生了。例如,你如果不知道波音 747 飞机的失速速度,在大多场合无足轻重,但如果你驾驶波音飞机,这种无知就成为致命的弱点。同理,缺少“沟通”的才干对于你做好原来的法律调研工作并无妨害,但一旦你决定当一名审判律师,它就变成了弱点。

你一旦知道了自身真正的弱点所在,即妨碍你出色发挥的一种欠缺,你该如何应对呢?首先你要搞清楚这个弱点涉及的是技能、知识还是才干。例如,如果你是一名一筹莫展的医疗器械推销员,问题并不在于你缺少敢于抗争的才干(“统率”主题),而在于你一味向医生推销,却没意识到在当今医疗市场上,财务主管才是真正的决策人。再如,你是一名经理,但不善于有效委派,原因并不是你缺乏“伯乐”主题,而是你不知道如何与员工一道制定明确的目标。在这些例子中,答案很明确:学会你所需要的技能或知识。

你怎样才能确知你所缺少的是知识或技能，而不是才干呢?应当说,出色发挥,取得佳绩并不是一门精确的科学,所以给出确切答案不易。但我们建议:如果你在获得了自己需要的知识和技能之后仍觉捉襟见肘,那么根据排除法,你缺少的必定是才干。这时,你就不该继续浪费时间去完善知识和技能,而应转而采用更有创造性的策略。

以下五种创造性的策略是我们采访优秀工作者而提炼的精华,可以用来控制才干方面的弱点。

1. **把事情做得好一点**。第一个策略并不十分创新，但在一些特殊的场合,这是惟一可行的策略。某些活动可以视为各种工作通用的基本要求:例如,交流思想的能力;倾听的能力;组织自己生活，确保不误事的能力；对自己的表现负责任的能力；等等。如果你不具备这些方面的主导才干——"沟通"、"体谅"、"纪律"或"责任",那么你就应该扑下身子,下一番苦功,以图有所改进。由于前述各种理由,你可能不会喜欢这样下苦功,并且无法仅凭此举而达到卓越,但是你别无其他出路。不然的话,这些弱点很可能瓦解你在其他领域的强大优势。

你如果觉得改进才干的过程太费劲,不妨试试下一个策略:设计一个简单的支持系统来抵消你的弱点。

2. **设计一个支持系统**。凯文·L每天早晨穿鞋之前都要花一点时间想象在左鞋写上"如果"两个字,在右鞋写上"那么"两个字。这个怪诞的小仪式就是他的支持系统,旨在控制他的一个可能酿成大祸的弱点。凯文是一家软件公司的全国销售总管。如你所料,他的责任之一是制定全国的销售战略。凯文干这行有多种才干——他有分析头脑、善于创新、热切——但是不幸的是,“战略主题”并不包括在内。这就是说,虽然他很机敏,能够预测可能挫败他计划的种种障碍,但是他天生不善于花时间思考各种不同的方案,并细想它们的后果。他一早在鞋上画字就是他所想出来的绝招,用来提醒他去问“如果……那么”的问题,从而预测可能出现的问题。

在我们的研究中,这一类独具特色的支持系统层出不穷。有一名天生缺乏条理的经理告诉我们,她的支持系统是向自己承诺,每月彻底清理一次办公桌。我们访问过另一个人,是一名教师。她天生就爱走神,以至于无法集中精力批改学生的作业。她用什么支持系统呢?她定下了一条规矩:一次最多批改五篇作业。批完五篇之后,她一定得站起来,喝一杯咖啡。再批五篇,停下来去喂猫。

你一定也有自己的支持系统,它犹如一副拐杖,帮助你应付一个在才干方面持续困扰你的弱点。也许它很简单,如买一个掌中宝来帮你记事;也许它很离奇,如在演说前想象你的听众都赤身裸体,借此松弛神经。但是,不管你用什么支持系统,切勿低估它的作用。你能用来投资自我的时间总是有限的,如果一个支持系统能消除你对一个弱点的焦虑,那你就能省出时间好好思考如何增强你的优势。

有时,你要寻找的支持系统近在眼前,这是因为你的一个优势主题可能提供这种支持。请看以下的策略。

3. **用你的超强优势主题来盖过你的弱点**。麦克·K是一名顾问,以向商界发表演说为生。从任何角度来看,他干这行非常出色。他演说一次的要价是数千美金,他的演说日程已经排满12个月,这都表明,他是一个效率很高的演说家。

对于这一结果,最感惊讶的莫过于麦克本人。20年前,如果你告诉他，他将会每周对四五百人演说，一边讲故事，一边讲思想，令听众为之倾倒，他一定会从最坏处着想——认定你和别人一样在取笑他。事实上，麦克 4 岁起开始口吃。并不是有压力时偶尔口吃，而是持续性口吃。每个单词对他都是一个陷阱。以辅音打头的单词根本说不出口。如果他要说出这个单词，说话的冲动就会在内心涌起。他能感到这种冲动，但是气流好像无法突破第一个字母。他冻住了，嘴里发出一些含糊不清的声音，但跟在后面的不是这个单词。

以元音打头的单词就更糟了。单词的第一个音很快流出来了——毕竟这是一个软元音，但是单词的其他部分会远远落在后面。这样，第一个元音会不断地重复，就像一台蒸汽机车呼呼地开出车站来，后面的车厢却没有跟上。

毋庸赘言，麦克为此备感羞辱。他不幸进了英国的一所寄宿学校，那里的一些同学戏弄他颇有创意。忧心忡忡的父母带着他走访了很多儿童心理学家，盼望治好他的病，但是除了被告知避免与他哥哥竞争外，麦克并没有得到什么帮助。他在学校的生活真是苦不堪言，害怕有一天在课堂上被叫起来高声朗诵，对闹个不停的同学一腔怨恨，甚至幼稚地担心自己结不了婚，因为他不会说“你能嫁给我吗”这样的话。

后来，一天早上，奇迹出现了。麦克被选出来在早会上向全校朗诵。麦克在朗诵者名单上看到自己的名字时，怒不可遏。他知道，学校并非故意为难他，而只是照章行事，为每个毕业班学生安排一次朗诵，但他认定他们没安好心。难道他们不知道，他的朗诵会沦为一场闹剧？难道他们不能改变惯例，使他免于受辱？

麦克向校长提出了请求。但这是英国，是一所寄宿学校，当然，惯例是不能变通的。

那天早晨，麦克颤巍巍地走向讲台，即将到来的灾难使他麻木。前一天晚上，校长帮助他一起练习了这段演说辞。由于他的结巴，5分钟的演说拖成了一刻钟的折磨。他知道将会发生什么，却无能为力。他想，像所有的悲剧一样，这是不可避免的，便绕讲台一圈，紧紧抓住台边，向台下嘻嘻哈哈的听众望去，吸了一口气。

突然间，句子从他嘴里流出来，犹如琼浆玉液。语流很快，他简直有点跟不上。它们自如地流淌，就像一个正常人一样。他发现自己已读了一半，进度恰到好处。他在“sarcasm”（讥讽）这个词上打了一个小磕巴——他今天还记得这个小小的嘲弄——随后他便飞流直下，顺利地通过了“inevitable”（不可避免）、“multitudes”（众多）、“magnificent”（妙不可言）等词语的雷区，扬帆驰向终点。他成功了。整个朗诵没有结巴。令他不可思议的是，他感到满足。他抬起头来，看到了听众们一个个张大的嘴巴，看到了几个宿敌难以置信的呆滞眼神，也看到了十几个好友的微笑。

他们跑到他前面问：“发生了什么事？”问得好，他想。10年治疗口吃的努力无功而返，突然它在大庭广众之下消失了。到底**发生了**什么呢？

回想起来，他意识到，正在他准备朗诵时，他看了一下听众，看到了他们的脸，顿时勇气倍增。他慢慢地、愈来愈肯定地意识到，他喜欢登台表演——按照优势识别器的语言，这是“追求”和“沟通”这两个主题的结合使然。在数百人面前表演的压力，令有的人无比恐惧，却使他精神焕发。有的人面对众人会张口结舌，他却感到放松。他的思维更敏捷，语言更流畅。在台上，他能做到日常生活中始终做不到的事情。他能将禁锢在头脑中的思想释放出来，他能自如地表达自己。

麦克发现了自己的这个优势，将它运用到台下的现实生活中去。每次他跟人说话时，无论是在校园里，汽车上，还是电话上，他都想象自己面对200个听众。他想象演讲现场，看到一张张脸，精心组织他的思想，词句突然喷涌而出。从那时开始，无论是在学校里，在他工作的场所，与朋友在一起，在家里，再也没人叫他“麦……麦……麦……麦克”了。

麦克的例子说明，优势的威力能压倒弱点。麦克长达10年为其弱点所困，全力治疗而不果。所幸的是，他意识到，经过适当培养，他的才干能使他获得解放。当你试图控制自身弱点时，多去想想自身才干，它们也会这样帮你。

4. **找一个伙伴**。伙伴关系是商业界失传的一门艺术。如今，对理想员工的工作描述往往长达两整页，而“达标能力”的单子越拉越长，这使我们笃信，能干的员工一定是多面手。面对这种说教，我们很多人忘记了，这个十全十美的多面手不过是某些人的臆想，而我们所需要的“多面”帮助往往就在我们周围。

相比之下，我们访问过的优秀工作者中，有许多人是建立互补伙伴关系的高手。他们不仅能生动而详尽地描述自身优势和弱点，而且能准确识别优势与他们的弱点相配的身边人。有的弱点涉及知识和技能，因此很容易找到与之相配的优势。我们发现，一些“对数字头疼”的企业家常常寻找“对数字着迷”的会计师当合作伙伴；一些基因工程专家明智地寻找能使他们研制的灵丹妙药获得批准的法律专家。但是，最好的例子是建立在互补才干主题上的伙伴关系。

有一位高级主管深知，他的每个直接下属都有不同的特点；但他同时意识到，他自己缺乏必要的才干（“个别”主题）来准确识别这些下属到底有什么不同。他并不试图掩饰自己的这个弱点，而是雇了一名人力资源专家，其主要职责就是帮助他了解每个人的特点。

有一位审判律师在法庭上十分雄辩，但讨厌到图书馆研究案例("回顾"主题)。他在开拓自身业务时,深知他最需要招聘一个乐于研究司法案例的人,与他的法庭雄辩互补。他很快发现了一个人。一想到要整天研读蝇头小字的资料,此人就眼睛发亮。两人一起开拓了十分火爆的业务。

还有一位乘务员,讨人喜欢,但缺乏勇气("统率"主题)。面对一些脾气暴躁的乘客,他不免发怵。即使对彬彬有礼的乘客,他也不愿带去坏消息。因此,每次航班乘客登机之前,他都要环顾四周,询问有哪位乘务人员能镇定自若地向乘客宣布航班取消、座位搞错,或其他令人不快的消息。他虽不能每次都找到理想的合作伙伴,但经常如愿。他告诉我们,过去,碰到一些情况,他容易惊慌失措,失去冷静,甚至惹恼乘客,而现在的伙伴关系帮助他避免重蹈覆辙。

上述例子的引人注目之处并不在于深度分析。事实上,每个例子中所缺少的主题是显而易见的。相反,其引人注目之处在于当事人欣然承认自身不足。惟有强者才会求助。

5. **停止做这件事**。这一策略是最后的一招。但是,当你出于种种原因,不得已而用它时,你也许会为其卓有成效而惊叹不已。

我们很多人试图做一些本来不需要做的事,并为此浪费了大量时间,丧失了不少信任和尊严。为什么呢?因为人们总是鼓励我们这么干。兴致勃勃的人力资源部门在界定一件工作时,往往关注**怎么**去做,而不是要达到**什么**目的。他们规定风格而不是结果,继而要求每个员工学会他们偏爱的风格。这样,你就会发现一些缺少"前瞻"主题的员工在背诵他们的愿景声明,因为有人定下规矩:每个员工都必须有愿景。有时,你会看到一位不苟言笑的经理在练习说笑话,以图变得更俏皮,因为在某处写着:"适当利用幽默感"是一项管理的达标能力。

我们的一些访谈对象拒绝这种风格一致。如何应对一种很难改变的弱点？他们的忠告是:停止做这件事,看看有没有人会在意。他们说:如果你照此办理,有三种结局会使你大吃一惊。第一,没有人会在意。第二,你会赢得尊敬。第三,你自己感觉会好得多。

玛丽·K是一位缺少“体谅”才干的经理。她就采取了这一策略。她为猜透每个员工的感情秘密,又做了一天的努力,却仍无结果,于是她表了一个态。她向员工们承认,她缺少“体谅”才干,说:“从现在起,我不再装了。我不可能对你们心领神会,所以,你们如果希望我知道你们的感受,最好对我直说。而且不要以为年初告诉我一次就够了。要我记住你们的感觉并不容易,所以需要你们不断提醒我;不然的话,我永远也记不住。”

听了这场坦白,员工们松了一口气。他们知道,她本质上是一个好人,但缺乏“体谅”的才干,而这对他们来说并不新奇。他们也许会用“矜持”或“冷淡”这些词来形容她,而不是“缺乏体谅”,但是意思是一样的。正如其中一位所说:“玛丽对情感世界毫无感觉,以至于她可以是你最好的朋友,但她自己对此却一无所知。”

承认自己的弱点并宣布放弃弥补它的努力是需要勇气的。作为一名经理,玛丽这么做是朝前迈了一大步。在她的员工眼中,她变得更真诚了——她有缺点,但自己知道——因此,她成为一个更值得信赖的经理。她的所作所为摆脱了那种做作的、“演戏”的特点,变得更加靠得住了。她并非完人,但是她的弱点大家有目共睹。她的员工们喜欢这样。

你如果承认自己的弱点,并宣布放弃弥补它的努力,就会取得同样的结果。如果你承认自己在克服一个顽固的弱点中败下阵来,你就很可能赢得身边人的信任和尊敬。

上述五种策略——把事情做得好一点，设计一个支持系统，用你的超强优势主题来盖过你的弱点，找一个伙伴和停止做这件事——每一种都能帮助你围绕自身优势来安排人生。但是，不管你采用什么策略，切勿失去你观察问题的框架。这些策略并不能把你的弱点转化为优势，它们不过是帮助你控制弱点，使之不至于阻碍你发挥优势。正像你已看到的，这种损控虽十分宝贵，但仅此是不足以将你提升到卓越的。

控制弱点的最后一个要点是：有人怀疑，一个优势主题会不会超强，以至于干扰当事人达到卓越；如此，根据定义，优势是否变成了一个弱点？例如，如果某人的"行动"主题超强，他会不会忽视关注未来？再如，如果某人的"统率"主题超强，他会不会使身边人感到不安？对此，我们有不同的看法。对一个人来说，不存在某个特定主题太强的问题，而只可能是他的另一主题不足。例如，一个粗暴的人并不是"统率"主题太强，而是"体谅"主题不足。急躁的人并不是"行动"主题太强，而是"前瞻"主题太弱。

如此区分并不是玩弄概念，而是有实际意义。如果你假定，一个人想创造佳绩却难以如愿，是由于某个主题太强，你就会劝他淡化该主题，改变行为，背叛自我。这样的建议令人压抑，虽然用心良苦，但效果一定不佳。反过来，你可以假定，他苦苦挣扎是因为别的主题太弱，你就会向他提出更积极的建议。你就会建议他控制这个弱点，提醒他，在五种策略中，判断哪种策略最有效，选择其中的一两个，并将它们用于他的特殊情况。当然，实施这样的建议并非易事，但是就建议而言，它更有创造性，目的更明确，因而更有效。

# 我的主题能证明我现有的职业选对了吗?

当你为你的职业冥思苦想时，有很多问题会使你彻夜不眠。其中有两个问题最为紧要。第一,你是否选择了适合于你的领域(医疗、教育、机械工程、计算机科学、时尚,等等)? 第二,你是否从事适合于你的工作?你应该当什么,推销员、经理、行政主管、作家、设计师、顾问、分析师,或者某种独特的工作组合?

如果你选对了工作,却选错了领域,你可能是一名出色的推销员,却在兜售一些连你自己都不相信的服务;或者是一名天才的设计师,却在设计一些你嗤之以鼻的产品。同样,如果你根据自己的激情而选对一个领域,但没有选对工作,那么,你本应从事教学,却在管理学校;或在报社当编辑,而不是做记者。

“优势识别器测试”的结果如何帮助你解决这两个职业问题呢?在什么领域适合你的问题上,你的标志主题对你的启示很有限。它们也许能在你应从事什么工作的问题上对你有所指点,但你最好不要将它视为圣经。

这些答案可能使你大吃一惊。鉴于此,让我们先仔细讨论一下“领域”和“分工”这两个概念,以便我们看清“优势识别器测试”的结果能否提供帮助,以及在什么地方和怎样提供帮助。

## 领域

你是否参加过职业指南测试?你回答一连串的问题,继而了解哪个领域对你最适合。这类测试基于这样一个前提:同一领域中的人都有相同的个性特点。他们对你的个性特点进行研究,并与数据库中的各个领域对比,然后把你放进与你最相近的领域中去。

"优势识别器测试"与此不同。优势识别器揭示你的标志主题。虽然这些标志主题能就你的职业方向给你一些指点,但它们并不将你强行归入这个或那个领域。它们做不到。为什么?原因很简单:我们的研究并不表明主题与领域之间存在线性关系。我们从访谈中获得的重大发现之一就是,很多人具备相同的主题,却在完全不同的领域中取得佳绩。

珍妮·J和琳达·H做了"优势识别器测试"。她们的五大主题中有三个相同:"追求"(渴望自己的佳绩获得认可)、"行动"(重在行动)和"统率"(敢于向别人挑战)。珍妮与琳达风格相近。她们都非常自信,条理分明,甚至有点咄咄逼人。她们的职业轨迹也很类似。她们都升至全国性职位,并且都有卓越表现。但是,她们的领域却完全不同。

珍妮研究生毕业后,直接进入零售业。她对零售钟情已久。这一行看得见,摸得着,非常直接。从采购、营销到售后服务,整个过程都使她着迷。她无法想象自己改行干别的。

在这个快节奏的世界里,珍妮的主题("行动"、"统率"和"追求")威力强大。她说干就干,即使有时信息不全。她不怕面对同事,挑战他们力争完美。在传统的职业阶梯上,她越爬越高:从迪斯尼连锁店的经理,到 Victoria's Secret 内衣店的总经理,到 Banana Republic 服装连锁店的总经理(她所领导的小组销售额超过十亿美元),最后成为沃尔玛电子商务部的总裁,承担用网络重建全球最大的零售集团的重任。

琳达找到她的领域则没有这么直接。她在匹兹堡大学学习时,遇到一个对法律很痴迷的同学。他是校园杂志《法律评论》的编辑,常在法律图书馆编稿和排版,一呆就是几小时。琳达本人对法律并无兴趣,却对痴迷自身工作的人充满好奇。于是,她跟他一起到图书馆,校阅稿件,核对案例。他们成为了好朋友。

他们之间的友谊本来可能进一步发展,但在他毕业前一星期发生了悲剧:他驱车回家看父母时,不幸车祸身亡。其后悲痛欲绝的日子里,她只有一个念头,就是一切被突然打断,半途夭折。冥思苦想之余,她身不由己地接过他的未竟之业。她现在解释道:“为了纪念他,我只能这么做。”她进了法学院,协助编辑《法律评论》,像他一样对法学入了迷,并以全班第二的优异成绩毕业。

随后而来的是一连串的第一。她是得克萨斯州第一名美国上诉法庭法官的女书记员;她是达拉斯一家著名法律事务所的第一位女合伙人;她是进入证券交易委员会专员候选人短名单的第一名妇女。虽然由于种种她所不能控制的原因,她未能就任该职,但她后来被任命为纽约证券交易所法律顾问委员会的第一位女主席。

琳达的成就显然与她天资聪慧有关,但是,如果我们细察她的职业决策,就会发现,除了纪念朋友的愿望外,她还有更强大的动机。事实上,在每一个转折关头,你都可以看到她的标志主题在引导她。作为她的法律事务所惟一的女合伙人,她乐于居高临下,直抒己见(“统率”主题);但她始终渴望进入更大的舞台(“追求”主题)。她看透了得克萨斯州法学界歧视妇女的本质,刻意(“行动”主题)培植自己的专长——房地产公司证券化——继而建立独立的权威和信誉基础。这一专长使她受到了华尔街数家大投资银行的注意,结果,她赢得了一批重要客户,成为被四处邀请的演讲人，出版了专著，并当上客座教授。她跳出得克萨斯州，登上全国的舞台。

珍妮和琳达的故事表明，寻找合适领域有多种途径。珍妮对本行心知肚明。琳达则是为了纪念朋友而入行(顺便提一下，今天，尽管成就斐然，她却认为，如果她能重新选择，她很可能会当企业家，而不干法律)。你也许需要用同样的方法来寻找你的领域——倾听内心的渴望，识别自身动机。如果你感受不到强大的拉力，你就应在学校或就业的头几年里试几回，用排除法来聚焦。

这就是为什么我们说，优势识别器并不能把你领进合适的领域。知道自身标志主题未必能帮助珍妮和琳达寻找各自的领域，因为虽然她们的领域各不相同，她们的主题却十分相近。你也一样。你的标志主题不一定能帮助你在零售商、律师，甚至木匠之间作出选择。它们的真实作用是帮助你在你所选择的领域里充分发挥。

## 分工

在分工方面，优势识别器可以给你更多帮助。我们的研究工作发现，在同一工种表现出色的人确有一些相似的主题。例如，我们访问过的很多记者的五大主题中往往有"适应"主题。由于职业原因，他们常常今天不知道明天会到哪里去。周一晚上，他们可能在纽瓦克机场的华美达酒店外，冒雨等待采访一次空难的幸存者；周二早晨他们又回到办公室，赶完一篇关于利率上调的影响的文章。我们有些人会因题材、气氛和地点的不断变化而头晕目眩，但是具有"适应"主题的人却会因此而意气风发。突发事件是他们的家常便饭。

我们研究的很多医生，无论什么专科，都有"排难"的主题。每天他们都要面对求助的病人。他们必须对每个病人的现时需要作出反应，而且他们深知，无论他们如何努力和体贴，总有更多的病人来求医。若不是他们的才干使他们从病人的康复中或从病人对不治之症的逐步默认中获得巨大满足，他们的工作就会成为一种没完没了的折磨。

同样，我们发现很多教师具有“伯乐”、“体谅”和“个别”等主题，并用它们来有效地帮助学生学习。我们访问的销售人员常有“统率”和“竞争”这两大主题，使他们善于对客户据理力争或巧言相劝，并与同伴展开业绩竞赛。

尽管我们有上述发现，但我们劝你不要轻易在某一特定主题和特定分工之间简单地画上一根直线，因为我们的访谈研究表明，成千上万具有不同主题组合的人在同一岗位上表现同样出色。

史蒂夫·S和维多利亚·S两人都是成功的企业家，但史蒂夫的五大主题是“竞争”、“分析”、“战略”、“理念”和“前瞻”；而维多利亚的五大主题是“体谅”、“伯乐”、“排难”、“回顾”和“公平”。为什么他们的主题组合如此不同，却在相同的岗位上都有出色表现呢？答案在于他们根据各自的标志主题来调整他们的角色。

史蒂夫经营一家名叫“Icebox”（冰柜）的互联网公司，生产网上销售的卡通短片。他的特殊才干在于向影片导演和风险投资人展示他对未来的设想，并劝他们解囊投资。他的商务模型并不完全，影片内容（在本书写作的当时）还在导演构思中，动画生成技术尚未成熟。但是，他兴致勃勃地用这些未知数编织成为一幅赢利的动人图景。他建立了一支称职的业务主管和经理人队伍，继而腾出手干自己喜欢的事。

维多利亚经营一家有12年历史的公关公司，本部设在伦敦，资产达700万美元，其服务对象是全方位的连锁酒店，如四季酒店和瑞士酒店等。她承认自己不是一个战略型的企业家，更愿把战略决策交给当过银行家的合伙人负责。她自己则主抓日常管理,包括挑选新员工,为他们分派合适的工作,了解他们的学习需求,倾听他们的问题。在这样的分工下,她可以充分运用她的五大主题,即使不是全部,也是大部分。结果,她 40 名员工表现出色,事业蒸蒸日上。

如果要史蒂夫做维多利亚的工作,他会一败涂地。同样,维多利亚也不会喜欢史蒂夫的角色。但是,他俩都是出色的企业家。

约翰·F 是美国航空公司的飞行员,驾驶波音 737 飞机。贾尔斯·R 是法国航空公司的飞行员,驾驶波音 767 飞机。约翰的五大主题是"公平"、"和谐"、"回顾"、"伯乐"和"交往";而贾尔斯的五大主题是"公平"、"和谐"、"纪律"、"责任"和"学习"。"公平"与"和谐"这两大主题是两人共有的。如果你考虑一下一名民航机长负有的责任,这种情况就不难理解。"公平"主题使他们平等地对待每个乘客,并严格执行所有的安全措施,而不管一些常客如何不满。"和谐"主题使他们与副驾驶保持共识,并随时化解分歧,从而顺利完成飞行任务。

那么他们的其他主题呢?它们发挥什么作用?约翰的"伯乐"、"回顾"和"交往"主题将他引向一个很特殊的方向:他成为了一名教师。他的正式头衔是机长飞行教官,负责训练机组人员驾驶新型的波音 737-800 客机。在这个岗位上,他不仅充分发挥其"交往"和"伯乐"主题,与学员建立良好关系,并帮助他们学习;而且得以有效运用他的"回顾"主题。很显然,对飞行员来说,最好的训练方法是案例教学。约翰说:"每两周,都有 100 名飞行员来此受训。我讲的主要是如何在各种他们可能遇见的情况下操纵飞机。我会引用许多其他飞行员排障和恢复动作欠佳的例子,同时告诉他们如何做得更好。我们飞行员非常关注过去和历史,这是我们学习和进步的重要方式。"

贾尔斯的另外三个主题“纪律”、“责任”和“学习”则起到不同的作用。贾尔斯喜爱飞行，说得更准确些点，他喜爱着陆。他深知，作为一名机长，他负有重任，要使机上所有乘客安全到达目的地。因此，每次飞行，他都关注每一个细节，特别是着陆，并引以为豪。使飞机完美降落，以至于乘客觉不出轮子已着地，那是他最得意的事情。虽然他很少因动作准确而得到感谢，但他知道，用飞行员的话说，他又“出溜下来了”。

这是“责任”和“纪律”这两个主题的作用。他的“学习”主题又怎么样呢？我们发现，贾尔斯除了学习飞行技术的细节之外，并没把这个主题用在本职工作上，而是用在大量的飞行间隔时间。他手不释卷，钢琴和管风琴都弹得不错，还学会了德语和西班牙语。为什么这样做？“不为什么。我学东西不一定要派什么用场，只是因为我喜欢学习，喜欢掌握新的技能。”

上述例子告诉我们，无论什么分工，都有许多不同的途径通往卓越。表面上，某些主题似乎与某些岗位相配。但是如果你的个别主题第一眼看来与你的分工不配，并不一定说明你摸错了门。

我们对于人的优势的研究表明，“只要下决心，你就什么工作都能做好”的说法不仅十分极端，而且极端误导。但是，我们通过研究认定：无论你决心做什么，只要你能适当安排自身工作，使你的标志才干在大部分时间里得到充分发挥，你就会取得最大的成功。我们希望，通过揭示你的标志主题，我们就能帮助你安排好你的工作。

管理

# 第六章

# 优势

"菲德尔",萨姆·门德思,

菲尔·杰克逊

循序渐进

# "菲德尔",萨姆·门德思,菲尔·杰克逊

*"他们的成功秘诀何在?"*

要避免成为一个失败的经理,有很多办法。你可以提出明确的要求;可以强调员工的工作目的;可以及时纠正员工的错误;还可以在员工做得对时予以鼓励。你如果经常这样做,而且做得好,就不会成为一个失败的经理。

然而,仅仅这样做并不一定会使你成功。要成为一名优秀经理,将员工的才干化为能产生效益的强大优势,还需要一个关键因素。如果没有它,无论你怎样勤于提出要求、传达目标、纠正错误或表扬先进,你都不可能达到卓越。这个关键因素就是"**个别化**"。请看下例:

拉尔夫·冈萨雷斯是美国最火爆的家电零售商 Best Buy 的分店经理。几年前,他受命整顿设在佛罗里达州海厄利亚的一家陷入困境的分店。他充满激情,善于创新,而且长得颇像年轻时的菲德尔·卡斯特罗,令人过目不忘。为了给他的员工一种归属感和信心,他将商店命名为"革命商店",并把每个员工都称为革命者(鉴于佛罗里达州南部反卡斯特罗的情绪强烈,这个决定相当大胆,但取得了很好的效果)。他起草了一份革命宣言,并要求

他属下的一些项目小组人员身着军装。他在休息室挂满了各种业绩数据，并有意对员工的点滴进步给予夸张的赞扬。为了强调到处都有佳绩，他发给每名员工一个哨子，要他们一看到任何员工、主管或经理有“革命性”举动就大声吹哨。如今店中经常哨声大作，甚至盖过了喇叭里正在播放的鲍勃·马利的CD。商店的业绩数据印证了哨声：无论用什么数字——销售额增长、利润增长、顾客满意度或员工保留率——海厄利亚分店都是Best Buy公司业绩最好的分店之一。

然而，令人惊奇的是，拉尔夫在接受访问时并未将他的成功归于“革命”、吹哨，甚至他与年轻卡斯特罗的相似之处。相反，他说：“说一千，道一万，关键在于了解员工。每来一个新人，我都会先问：‘你爱跟人打交道，还是跟盒子打交道？’换句话说，这人是喜欢与顾客攀谈，还是喜欢摆放商品，令其有呼之欲出之感？如果他回答爱见人，我就会继续观察他。如果他天生爱笑，我就派他做收银员或到客户服务部去工作。如果他善于推销，我就派他在铺子最忙的时候向顾客演示我们复杂的新产品。我还会观察他喜欢什么样的管理方式。目前我手下有一个商品经理，他希望我行事果断，要求严格。他自己就是这样一个人，所以希望我也这样。我手下还有一名库房经理，他的要求完全不同。他总希望我把我的想法讲得非常明白，而且说明我们做一件事的**理由**。我不断观察，继而了解每个员工。否则，他们都不会好好干。”

在偏僻的南佛罗里达州默默无闻地辛勤工作着的拉尔夫·冈萨雷斯只是进行个性化管理的诸多优秀经理之一。访谈中，我们在工厂、销售部、病房和董事会中发现了成千上万像他一样的人。实际上，无论我们往哪里看，无论环境如何平淡无奇或光彩照人，我们所研究的优秀经理都热衷于个别化。

因《美国丽人》一片而获奥斯卡大奖的年轻导演萨姆·门德思对英国《独立报》记者讲述他的成功秘诀：“我不是大师级的导

演,也不是导师。我只是一名教练。我没有固定的方法,每个演员都与众不同。在拍片现场你应在他们身旁,轻拍他们的肩膀说:'我同你站在一起,我非常清楚你的工作情况。'……凯文·佩西喜欢用手机对他的代理人或别的什么人开玩笑,做模仿秀,一直闹到开机。越放松,他越高兴,越不去想他正在做什么。当你说'开拍'时,他会立即进入角色,松弛令他的表演自然。所以你对凯文说:'给大家学一学沃尔特·马托。[1]'安妮特·贝宁则不然。她在开拍前半小时总在听随身听。她会离开拍摄现场,静下心来,听片中人物喜欢听的音乐……我的绝招就是与每个人接触,努力了解他们的行为模式。"他一语破的:"我对他们每个人说的话应能说到他们心里去。"

曾六度在NBA总决赛中夺冠的芝加哥公牛队的教练菲尔·杰克逊在转会到洛杉矶湖人队时,随身带去了他在芝加哥公牛队中屡试不爽的方法——禅宗哲学、打坐静思和三角进攻体系。他还带书——每个球员一本,而且各不相同。他给年轻的超级明星科贝·布赖恩特带的是保罗·贝蒂写的《白孩子夏菲尔》,因为他觉得书中所讲的一个在白人社区中长大的黑孩子的故事与自幼在费城郊区长大的科贝的经历不谋而合。他给世界最知名的篮球明星之一沙奎尔·奥尼尔带的是弗里德里希·尼采的自传《瞧,这个人》,因为书中讲述的是人对身份、声望和权力的追求。渴望当演员的里克·福克斯得到的则是一本好莱坞名导演艾里亚·卡赞的自传。

为什么要给不同的球员送不同的书?据杰克逊自己说:"这些书表明我对他们的看重和关注。"

作为一名经理,你有同样的机会。你必须关注每个员工,对每个人的表现都了如指掌,像萨姆·门德思那样,把你的每句话

1. 沃尔特·马托(Walter Matthau):美国著名演员。(译者)

都“说到他们心里去”。你对每个人的要求必须因人而异，对每个人提出要求的方式也应有所不同。同样，你谈论公司使命的方式、纠正员工错误的方式、发展优势的方式，以及表扬的方式、内容和目的都应有所不同。作为一名经理，你的一切举措都必须为每个员工量身定做。

尽管这一切听来令人生畏，但你无法回避。每个员工的布线都略有不同。如果你想留住有才干的员工，并推动他们持续创优，你就必须了解他们每个人的特点，然后设法从中获得效益。

由于种种原因，要做到这一点往往很难。首先，大多数组织循规蹈矩，详细规定了达标能力，笃信大多数员工彼此相同；否则，就对他们重新培训，直到消除区别。个别化的经理在这样的组织中难免遭人排挤。

第二，与一视同仁相比，个别化管理更加费时。对日理万机的拉尔夫、萨姆和菲尔来说，无视每个员工的行为模式，说“瞧，这就是的我管理方式。如果你喜欢，很好。如果不喜欢，就请你要么逆来顺受要么另谋高就”，真是简单得很，但他们都没有这样做。然而某些公司的经理要管三十、四十，甚至五十人，使你很难指责他们舍难求易。

如果是第一种情况，我们爱莫能助，至多建议你请公司负责人阅读下章。如果你所在公司试图将同工种的员工培训成一种完全相同的风格，那你的个性化努力就会经常受阻。然而，让我们先处理好第二种情况，即没有时间的问题。让我们探讨一些以不同方法管理不同标志主题的员工的理念。

# 循序渐进

*“如何管理优势识别器的34个主题？”*

有人说，如果你真想了解如何与一个人合作的话，你就应同他打一场高尔夫球。这种见解或许不无道理，但并不实际。有些人对这项运动不屑一顾，而另一些人虽然喜欢，却未必能随时找到18个洞的球场。再说，要深入了解一个人的优势，还有更省时的途径。

作为一名经理，你一旦了解手下每个员工的五大主题，就可参阅下述有关每个主题的建议。你不妨根据每个员工的特点，挑选相关的段落，并择时与员工讨论，以求加深理解。通过这样一对一的工作，你就会创造出类似拉尔夫·冈萨雷斯、萨姆·门德思和菲尔·杰克逊的近乎完美的业绩。

不言而喻，任何方法都无法取代你与员工在一起时所能获得的真知灼见，特别是如果你有“个别”主题。而且，如果你的下属怀疑你的动机，任何理念都无济于事。然而，如果你面临的问题不是缺乏信任而是缺乏时间，这些建议会对你有所帮助。

## 如何管理“成就”主题突出的人

◎要人加班时，给他打电话。常言道：“要做事，找忙人。”这话一般不假。

◎切记，他喜欢忙碌。坐下来开会让他心烦。所以，要么让他去干自己的事，要么只让他参加非他不可、而且他充分投入的会。

◎帮助他测量自己的业绩。他很可能喜欢计算他的工作时间，但更重要的是，他应能测量自己的工作总量。简单的测量标准，如为多少顾客提供了服务、记住多少顾客的名字、查阅了多少文件、联系了多少潜在客户，或看过多少病人，都能使他有据可依。

◎通过合作与他做朋友。共同努力工作常使他感到亲密。别让低效率的人靠近他，他讨厌“懒人”。

◎他做完一件工作时，让他休息或给他派件小活绝非他所希望的奖励。如果你对他做的工作进行表彰，并为他定下更高的目标，他的干劲会更大。

◎他很可能比多数人晚睡早起。如有要求晚睡早起的工作，就交给他去做。另外，别忘了问他：“你要到多晚才能干完这事？”或“你早上几点来的？”对这样的关注，他会领情的。

◎你看他工作自觉，会想提拔他。如果此举使他不能继续发挥优势，就不可取。不如指出他的其他主题和优势，找机会让他多做他所胜任的工作。

## 如何管理“行动”主题突出的人

◎向他了解你所在部门的新目标是什么，应该怎样改进。为他选择一个合适的岗位，并让他负责发起和组织项目。

◎告诉他，你知道他能干，并且你在关键时刻会向他求助。你的期望会给他以激励。

◎派他领导一个陷入惰性，光说不干的团队。他会把他们煽起来。

◎如果他抱怨，要认真听——你可能从中了解到一些情况。但随后你应与他讨论如何率先创新和改进，从而使他同你保持一致。但你的动作要快，如果不加管束，他就会到处散布消极言论。

◎了解他的其他重要主题。他如果"统率"才干突出，就可能具有推销和说服的潜力。他如果"交往"和"取悦"主题突出，就可能成为一名优秀的招聘人员，为你广招人才，并帮助他们敬业。

◎为帮助他避开障碍，寻找"战略"或"分析"才干突出的人与他合作。他们可以帮助他总揽全局。然而，你有时需要为他辩护，以免他们对预测和分析的热衷干扰他的行动本能。

## 如何管理"适应"主题突出的人

◎这种人天生善于随机应变。把他放在合适的位置上，使他充分发挥应变能力，继而取得成功。

◎告诉他你的打算。但是，除非他"专注"主题突出，别指望他帮你出谋策划。他很可能发现大部分计划工作都极其乏味。

◎由于他天生灵活多变，因而他适合于几乎所有的团队。如果出了差错，他会及时根据新情况调整，并努力进展。他不会置身事外而怨天尤人。

◎他最适合执行需要立即行动的短期任务。他更希望生活中频繁短兵相接，而不是打持久战。

◎了解他的其他重要主题。如果他还有"体谅"才干，就让他去做随时识别和满足顾客各种需求的工作。如果他还有"伯乐"主题，就让他去当辅导员。由于他"随遇而安"，他就能建立一种鼓励别人尝试和学习的良好氛围。

◎不要让他参与讨论未来，如制定目标或职业咨询一类的会议。他是一个"关注眼前"的人，会认为这些会议与他毫不相干。

## 如何管理“分析”主题突出的人

◎无论他何时参与一项重要决策，花时间与他一起深入思考各种问题。他希望了解影响决策的所有因素。

◎如果你在解释一项已经做出的决策，切记讲明其逻辑依据。你可能觉得这是多费口舌,可对他来说,惟有充分了解决策细节,才能为之承担义务。

◎一有机会,你就应对他的推理能力表示认可和赞赏。他为自己思维的严谨而自豪。

◎在为一项决策或原则辩护时,向他展示数字依据。他本能地更加相信含有数据的信息。

◎切记,他需要**经过认真推敲的准确数字**。切勿把虚假数据充作可靠证据提供给他。

◎他的生活亮点就是在数据中发现规律。不断给他机会向你详细解释其所见规律。这是对他的激励,并有助于巩固你们之间的关系。

◎你虽然不会始终与他一致,但须认真考虑他的意见。他很可能经过了深思熟虑。

◎鉴于他关注工作的精确性，准确完成任务比准时完成任务对他更重要。因此,在任务期限将至时,应经常与他核对进度,确保他有足够的时间避免差错。

## 如何管理“统筹”主题突出的人

◎这样的人喜欢负责，应根据他的知识和技能水平让他尽量多负责。

◎他或许有当经理或主管的才干。他的“统筹”主题帮助他了解具有不同优势的人怎样合作。

◎开始实施一个项目时，给他机会来挑选和分派项目组成员。他善于判断每个成员的优势怎样为团队带来最大价值。

◎复杂和多层面的任务使他振奋。他同时承担多项工作时最得心应手。

◎他足智多谋。你可以放心派他担任一件困难的工作。他乐于寻找做事的其他途径。

◎关注他的其他突出主题。他如果有“纪律”才干，就可能是一名优秀的组织者，为完成任务而建立程序和体制。

◎他靠相互信任的人际关系来建设团队。他拒绝那些他认为不诚实或敷衍了事的人。

## 如何管理“信仰”主题突出的人

◎这样的人对某些事怀有激情。了解他的激情所在并将它与工作任务相联系。

◎他可能笃信某些经久不变的价值。设法将他的价值与公司的价值相结合。例如，告诉他，公司的产品和服务如何使人们的生活更美好，或与他讨论公司如何体现诚信，或给他机会来千方百计地帮助同事与客户。如此，他就会用自身言行来体现公司文化的价值。

◎了解他的家庭和社区。他可能对此负有重大义务。你必须理解、领会和尊重这些义务，他也会因此而尊重你。

◎要知道，他可能更看重提高服务质量，而不是多赚钱。设法加强这种天生的服务意识，他就会出彩。

◎你虽然无须赞同他的信仰体系，但必须理解、尊重和使用它。你如果不能将他的价值用于你自己或公司的目标，就应帮助他换工作，否则你们之间最终会爆发激烈冲突。

## 如何管理“统率”主题突出的人

◎如果需要重新启动一个项目，打通障碍，或说服别人，就让他领头。

◎经常请他判断公司现状。他会直言不讳。同样,让他提出与你不同的想法,他不会随大流。

◎放手让他领导和决策。他不喜欢别人管头管脚。

◎如果他拉帮结派、冒犯同事、一心二用,或不务正业,要抓住证据,当头棒喝。行动要果断,并视情况要求他将功补过。然后作出适当安排,使他尽快创造效益。他会很快纠正错误,你也应向前看。

◎除非你说到做到,否则切勿威胁他。

◎他可能以毫不掩饰的武断方式威逼别人。你必须权衡他的功绩能否使你宽恕他偶然发怒。与其强迫他学会体谅和礼貌,不如多花时间帮助他的同事了解,他的固执己见有助于提高效率——前提是他的固执己见不演变为咄咄逼人和出口伤人。

## 如何管理"沟通"主题突出的人

◎与他共同探讨如何加强他的沟通优势,继而为公司作出更大贡献。

◎他善于交谈。请他参加社交活动、晚宴或任何你希望款待现有和潜在客户的活动。

◎鼓励他搜集公司内部的传奇和趣事,然后创造机会让他对同事讲述。他会活跃公司文化,继而增强它。

◎抽空了解他的生活与经历。他会乐于讲述,你会乐于倾听,你们之间的关系会因此而更加亲密。

◎同他讨论公司的社交活动计划。对于如何招待客人和传递什么信息,他往往有好主意。

◎请他帮助公司专业人员改进演示效果。有时,应安排他代替专业人员作演示。

◎如果派他参加演说培训,切记把他送到有一流培训师任教，而且人少的高级班。他在初级班中很快就会厌烦。

## 如何管理“竞争”主题突出的人

◎对他使用竞争语言。例如，对他来说，这是一个非胜即败的世界，而在他看来，达到目标就是胜利，未达目标就是失败。当你需要他参与制定计划或解决问题时，使用“以智取胜”的竞争字眼。

◎把他与其他人、特别是其他好胜的人比较。你可能公布全体员工的业绩，但须牢记，惟有好胜的人才会从公开对比中获得激励。其他人则会讨厌它，甚至感到屈辱。

◎为他安排竞赛。让他与其他人竞争，甚至可以从外部找对手。竞争欲极强的人希望与水平相近的人竞争，他们对与弱者竞争不感兴趣。

◎帮他寻找能获胜的场合。如果屡战屡败，他就可能洗手不干。切记，在他看重的竞赛中，他不会为赛而赛，他的目的是取胜。

◎切记，管理他的一个最好的办法就是找一位能力更强的竞争者。

◎与他讨论才干。一如所有竞争者，他深知，取胜需要才干。指出他的才干，告诉他，必须调动他的才干才能取胜。切忌对他实行“彼得法则”。提醒他，“获胜”并不等于提升。帮助他通过扬长避短而取胜。

◎他失败时，可能痛苦一阵。由他去。随后迅速将他引入下一场有望取胜的竞争。

## 如何管理“关联”主题突出的人

◎对一些社会问题，他会极力辩护。认真倾听他的立场，了解是些什么问题。你的认同会加深与他的关系。

◎他可能有宗教倾向，也可能是虔诚的教徒。你需要了解，并且至少是接受他的宗教立场，如此，他与你相处就会越来越舒畅。

◎鼓励他与公司中不同的人沟通。他生来就熟谙事务的内在联系，继而善于向不同的人说明他们如何相互依赖。如果定位准确，他会成为公司的团队建设能手。

◎他会乐意帮助公司构思和定义使命。他喜欢成为大事业的一部分。

◎你如果也有很强的“关联”主题，就与他分享文章、作品和经验，继而相互增强关注点。

## 如何管理“回顾”主题突出的人

◎如果要他做事，先花时间向他解释行动的构思过程。他在行动之前需要了解背景。

◎你把他介绍给新同事时，要求后者先介绍个人背景，然后再谈正事。

◎每次开会都请他作前阶段工作和学习的回顾。他本能地希望别人了解决策的来龙去脉。

◎他喜欢通过案例思考。他会想，我们什么时候遇过类似的情况，我们做了什么，结果如何，我们从中学到什么？你可以指望他用这种才干去帮助别人学习，尤其是需要研究案例时。无论什么课题，都让他去搜集有意义的轶事，讲解从每件轶事中获得的重要发现，并围绕这些案例授课。

◎他对公司文化能起相同作用。让他去搜集体现公司文化本质的先进事迹，在员工通讯、培训班、网站和录相上宣传推广，继而增强公司文化。

## 如何管理“审慎”主题突出的人

◎切勿让他担任需要当机立断的工作。靠直觉决策会使他不安。

◎让他加入好冲动的团队。他会劝人稍安毋躁,帮助团队深思熟虑和防患于未然。

◎他考虑问题缜密周到。决策前,请他帮你排除可能使你的计划出轨的隐患。

◎在需要谨慎的时候,例如涉及法律、安全或精确度等敏感问题时,让他负责。他天生善于预见危险,继而保护你的侧翼。

◎他很可能善于谈判合同,特别是在幕后出谋划策。尽量让他在权限之内发挥这个作用。

◎尊重他的隐私。除非他有意,避免过早与他套近乎。同理,如果他刻意保持距离,你不必往心里去。

◎不要派他为公司送往迎来,充当说客或拉关系。干这行需要热情奔放,非他所长。

◎他在交友方面是有选择的。因此,切勿将他频繁调动。他需要确信周围的人胜任本职并可以信赖,而建立这种信心非一日之功。

◎作为经理,他往往不会轻易表扬部下,而他一旦表扬,就一定是真的优秀。

## 如何管理"伯乐"主题突出的人

◎向他了解哪些员工在工作中进步。他能看见别人容易忽视的点滴进步。

◎大胆使用他,使他能帮助其他员工成长。例如,给他机会辅导一两个他自己挑选的员工,或让他选一个公司关心的题目授课,如安全、福利或客户服务。

◎他如果参加当地一个培训组织,替他交纳会费。

◎让他出面表扬优秀同事。他乐于寻找值得表扬的业绩,而被表扬的员工会知道,对他们的表扬是名副其实的。

◎他可能是担任主管、团队负责人或经理的人选。

◎如果他已是经理或高层主管，从他所在部门挑选公司其他部门需要的干部。他善于培养在未来担当重任的人才。

◎增强他催人奋进的自我意识。例如，告诉他："他们靠自己永远也不会打破纪录。你的鼓励和信心使他们奋起。"

◎要提防他保护一些苦苦挣扎、早该解职的员工。引导他把"伯乐"才干用于帮助强者取得成功，而不是支持陷入困境的弱者。他对陷入困境的人的最大帮助就是为他另辟蹊径，寻找可能使他出彩的机会。

## 如何管理"纪律"主题突出的人

◎给他机会整顿混乱局面。由于他天生受不了无序和混乱，如果不把局面收拾得井井有条，他是不会罢休的。

◎杂乱会惹恼他。不要指望他在脏乱差的环境中呆下去。要么派他收拾局面，要么帮他换地方。

◎切记向他说明任务期限。他会觉得有必要提前完成任务。如果你不事先告知工作计划，他就无法这样做。

◎同样，不要随意改变计划和工作重点，以免他感到意外。他讨厌意外，它们会使他垂头丧气。

◎如果一段时间内有许多事要做，切记他需要区分轻重缓急。与他一起制定计划。一旦决定，切勿随意改变。

◎视情况请他帮助你自己制定计划和安排工作。你可以请他来评估你的时间管理系统，甚至你对本部门进行部分流程再造的动议。告诉他的同事这是他的优势，并鼓励他们在类似方面向他求助。

◎他善于为提高效率而建立常规。如果他不得不在需要灵活性和随机应变的环境中工作，鼓励他针对各种不同的环境，建立不同的常规。这样，无论发生什么特殊情况，他都有章可循。

## 如何管理"体谅"主题突出的人

◎请他帮助你了解公司中某些人的想法。他对别人的情绪非常敏感。

◎在要求他对某个行动方案承担义务之前，了解他和其他有关人员对此的感受。对他来说，情感与其他一些更为实际的因素一样不容忽视，务必在决策时仔细权衡。

◎他如果哭，应予关注，但切忌反应过度。他的生活离不开眼泪。他感受别人的喜怒哀乐，甚至会超过当事人。

◎帮助他认识到，他的"体谅"是一种特殊才干。也许他会想当然地认为别人的感受与他一样，也许他会为他的感知力而不安。告诉他如何用它来使大家获益。

◎测试他靠本能而不是靠逻辑决策的能力。也许他说不清为什么他认为采取某种行动是对的，但他常常又是对的。问他："你从骨子里觉得我们该做什么？"

◎安排他与积极乐观的人共事。他会受这些人的感染，继而产生动力。反之，防止他与消极悲观的人接触。这些人会使他消沉。

◎如果员工或顾客对一项举措表示不解，向他求助，他或许能感知他们的疑问所在。

## 如何管理"公平"主题突出的人

◎在项目完成后对团队成员进行表扬时，让他指出每个人的贡献。他会确保每个受表扬的人当之无愧。

◎当你需要建立常规时，请他来协助制定公司的规章制度。

◎遇到重大变化时给予他支持，因为他最喜欢那些他认为效果良好并便于把握的工作模式。

◎进行分析时,要他使用群体数据而不是个体数据。他可能更善于发现群体共性,而不是个人特点。

◎如果你作为经理,遇到必须公平而严格地执行规章,不得有丝毫偏袒的棘手情况时,请他参与处理。他自然会作出解释,讲明道理。

◎在必须公平对待不同人的场合,请他参与制定规章制度。

◎他是一个讲究实际的人,更喜欢完成任务和作出决策,而不愿参加诸如头脑风暴或长期规划的抽象工作。

## 如何管理"专注"主题突出的人

◎确定带时间表的目标,然后让他决定如何实现它们。如果让他控制工作进度,他就会效率最高。

◎只要他认为有帮助,就定期与他碰头。定期碰头会使他振奋,因为他喜欢讨论目标和他为实现目标而取得的进步。问他希望多长时间见一次面来讨论目标。

◎不要指望他对别人的情感始终保持敏感,因为相对于情感,他总把完成工作视为当务之急。如果他还有"体谅"才干,这种情况会有所缓和。尽管如此,切记这样一种可能性:他在实现目标的过程中可能毫不顾及别人的情感。

◎他不喜欢变动无常的局面。为处理好这个问题,应使用他能理解的语言来对他解释变化。例如,使用"新的目标"和"新的成功标准"等字眼来讨论变化。这类字眼会使变化显得既有章法,又有目的。这是他天生的思维方式。

◎让他参与有严格期限的项目。他会本能地遵守这些期限。一旦接手一个有明确期限的项目,他就会倾注全力,直到完成。

◎让他参加时间管理培训。他天生不擅长于此,但鉴于他的

“专注”主题推动他尽快向目标迈进，他会看重时间管理给他带来的高效率。

◎切记，漫无边际的会议使他厌烦。因此，如果他在场，就应严格遵守议事日程。

## 如何管理“前瞻”主题突出的人

◎当你同他讨论事业或业绩时，切记他关注的是未来。请他描述他的愿景——关于事业、公司以及市场整体状况的愿景。

◎给他时间去思考、描述和规划未来需要的产品和服务。为他开辟机会，让他在公司的内部通信、会议或行业会议上阐述他的观点。

◎如果得到他感兴趣的资料或文章，及时送给他。他的远见需要原料。

◎请他参加公司的计划委员会。让他在数据基础上描述公司三年后的发展前景。每隔六个月左右让他重做一次报告。这样，他可以加入新的数据和见解。

◎经常同他讨论各种可能性，以此激发他。多问他问题，鼓励他尽可能生动地描述未来。

◎当公司需要员工接受变革时，请他从公司未来需要的角度来解释变革。请他作报告或写内部文章，帮助员工全面把握变革。他能帮助别人摆脱现有疑惑，继而像他一样为未来的美好前景而激奋。

## 如何管理“和谐”主题突出的人

◎尽量使他远离冲突。不要让他参加几乎肯定会发生争执的会议，因为与人争辩不是他的强项。

◎确定你在哪些方面赞同他的意见，并与他定期回顾这些一致意见。安排具有“和谐”主题的员工与他共事。他如果知道别人在支持他,就会更专注,效率更高,并更有创造性。

◎不要浪费时间同他讨论有争议的问题。他不喜欢单纯的辩论。相反,与他集中讨论可以采取明确行动的实际问题。

◎不要指望他对你提出不同意见,即使你犯错。尽管他已看出你的想法是馊主意,但为了保持和气,他仍会点头称是。因此,你可能需要其他能直抒己见的人来帮助你清醒思考。

◎有时,当别人争执不下时,他能使他们言归于好。他未必能解决争端,但能帮助他们求同存异。这些共识会成为再度合作的出发点。

◎他希望对自己的行动建立信心。他每次行动,都应帮助他争取权威人士和专家的支持。

## 如何管理“理念”主题突出的人

◎他富有创意。务必将他安排在能出好点子的地方。

◎他善于设计,无论销售战略、营销攻势、顾客服务方案还是新产品,都会格外有效。无论他是什么专业,都应尽量发挥他的设计才干。

◎既然他爱想点子,就向他多多灌输公司关注的新观念。他不仅会对自身工作更投入,而且会利用这些新观念寻找新的见解和发现。

◎鼓励他思考能与公司最佳客户分享的好点子或见解。盖洛普的研究表明,如果一家公司能有意识地教顾客一两招,他们就会提高忠实度。

◎他喜欢词汇的威力。因此,每当你遇到一个能准确表述一种概念、观点或模式的词组时,务必与他分享。这样做会激励他思考。

◎他需要确知一切都珠联璧合,天衣无缝。所以,在作决定时,向他说明,每一项决定都源于同一种理论或概念。

◎如果一项决定与整体构想偶尔冲突，务必向他讲明，这一决定是个例外或是一次试验。如不解释，他就会担心公司步调不一。

## 如果管理“包容”主题突出的人

◎他热衷于使每个人都感到自己是团队一员。请他编写新员工入门课。他会乐于思考如何欢迎新成员。

◎请他领导一个特别小组来招聘少数民族雇员。他天生善于判断谁受到冷遇。

◎举办集体活动时，请他动员每个人参加。他会力争不漏掉任何个人或团组。

◎同样，你可以利用他的“包容”主题，为顾客服务。只要定位恰当，他能有效消除顾客与公司之间的屏障。

◎鉴于他不喜欢针对少数人的高档产品或服务，让他参与为大众市场提供产品或服务。他喜欢设计各种方法来扩大服务网。

◎在某些情况下，请他担任公司与所在社区的社会服务部门之间的联系人。

## 如何管理“个别”主题突出的人

◎让他参加职务选拔委员会的工作。他能准确判断每个候选人的优势和弱点。

◎请他根据每个人的优势和弱点来说明其所胜任的工作，继而帮助公司提高效率。

◎让他帮助设计绩效薪酬方案，使每个员工都能利用自身优势而实现薪酬最大化。

◎如果你觉得了解一名员工的思想有困难，就向他求助。他能帮助你从员工的角度想问题。

◎当你对个别员工的表现不满时,就与他讨论对策。他天生善于区别对待每个员工。

◎视情况请他担任公司内部培训班的教员，或辅导一些新员工。他的绝招是因材施教。

◎观察他的其他重要主题。他如果有突出的“伯乐”和“统筹”才干,就可能具备当经理或主管的潜力。他如果有“统率”和“取悦”的优势,就可能善于变潜在客户为现实客户。

## 如何管理“搜集”主题突出的人

◎利用他天生的好奇心，要他研究对公司至关重要的课题。他喜欢从研究中获得知识。

◎安排他担任有大量研究任务的工作。

◎关注他的其他重要主题。他如果“伯乐”主题突出,就可能成为优秀的教员或培训师,以生动的实例和故事活跃课堂。

◎不断向他传递公司内部的最新消息。他需要了解内情。把你认为他愿意了解和翻阅的文章和书籍送给他。

◎鼓励他充分利用互联网。他会在网上查找所需信息。他的调查虽然并不完全用得上,却有助于他保持自尊。

◎帮助他开发一套信息储存系统，继而确保在他和公司需要时随时查询信息。

◎每次开会,务必请他介绍情况。伺机鼓励他所作的回顾,可以说:“真叫人不敢相信。你总有我们要的资料。”

## 如何管理“思维”主题突出的人

◎思考使他精力充沛,要多加利用。例如,当你需要解释为什么要做一件事时,就请他为你全盘考虑,然后向你提供完美的解释。

◎随时向他的思想挑战,不要犹豫。他不会觉得这是威胁,相反,他会将此看作你重视他的信号,继而受到激励。

◎鼓励他找出整块的时间来思考。有些人认为,纯粹的思考不会产生效益,他的看法相反。思考使他思路更清晰,自信心更强。

◎你如果需要对一些书籍、文章或建议进行评估,就请他审阅并提交报告。他喜欢阅读。

◎同他详细讨论他的优势。他喜欢自省和自我发现。

◎让他向部门同事阐述思想。与别人交流思想的压力会促使他不断完善和梳理自己的想法。

◎让他与"行动"主题突出的人合作。后者会推动他将想法和主意付诸行动。

## 如何管理"学习"主题突出的人

◎分配他做需要在瞬息万变的环境中不落伍的工作。他喜欢保持自身锐气的挑战。

◎他无论担任什么工作,都急于了解新情况,学习新技能,吸收新知识。不断为他创造新的学习条件,使他保持动力,以免他到别处寻找更好的学习环境。例如,如果他没有在职学习的机会,就鼓励他到本地学院或协会学习他感兴趣的课程。切记,他并不一定需要升职,而只是需要学习。他乐此不疲的是学习的过程,而不是学习的结果。

◎帮助他根据所达到的标准和水平而记录学习的进步。祝贺他取得的每个进步。

◎同样,鼓励他成为其所在领域的"行家里手"或"常驻专家"。安排他学习相关课程。务必用适当的证书和奖盘来认可他的学习成绩。

◎安排他与一位高手一起工作,后者将不断推动他学习更多的东西。

◎请他主持内部讨论或作演讲。施教于人是最好的学习方式。

◎为他的继续教育争取财务补贴。

## 如何管理“完美”主题突出的人

◎他喜欢琢磨如何将正常的业绩最大化。他对把破东西修好不感兴趣。

◎别让他担任需要不断解决问题的工作。

◎他期望你了解他的优势,并看重他的价值。过多关注他的弱点会使他沮丧。

◎约他详细讨论他的优势，策划如何从公司利益出发来运用这些优势。他会喜欢这种谈话,并就如何充分发挥优势而提出许多实际的建议。

◎尽量帮助他开辟一条事业之路,并设计一项薪酬计划,使他在本职岗位上出类拔萃。他本能地希望沿着自身优势之路发展,而不喜欢为了多赚钱而偏离方向。

◎请他领导一个特别小组来了解公司内部的先进事迹。他天生对佳绩好奇。

◎请他帮助设计一个方案，来衡量和表彰每个员工的业绩。他乐于思考每个岗位上的杰出表现。

## 如何管理“积极”主题突出的人

◎他为工作场所注入戏剧和动力。安排他尽量接近公司的顾客。他会使公司显得更加积极和充满活力。

◎请他参与策划公司款待最佳顾客的活动，例如新产品发布会或用户聚会等。

◎具备“积极”主题并不意味着他整天情绪高涨,但的确表明,他能用自身的幽默和情趣来提高人们的工作热情。提醒他关注这一优势，并鼓励他多加运用。

◎与怨天尤人者在一起会很快耗尽他的活力。别指望他会喜欢为消极的人打气。如果让他为基本积极而需要点把火的人鼓劲，他会做得更好。

◎他的热情具有感染力。把他派往项目组时应考虑这一点。

◎他喜欢赞美。取得重大成就时，请他就如何表彰成就出主意。他比大多数人更有创意。

◎关注他的其他优势主题。他如果有“伯乐”才干，就可能成为一名优秀的教练或教员，因为他能为教室注入激情。他如果有“统率”才干，就可能在销售上出类拔萃，因为他用果断和活力武装自己。

## 如何管理“交往”主题突出的人

◎对他明说，你很在乎他。几乎可以肯定，这话不仅不会使他感到不妥，而且会受他欢迎。亲朋好友是他的生活中心，因此他希望知道他与你关系如何。

◎他喜欢与同事建立亲密关系。这样做需要时间，因此，不要让他担任需要他频繁离开同事和顾客的工作。

◎帮助他了解同事们的目标。一旦知道他们的目标，他就更可能与他们打成一片。

◎放心将秘密告诉他。他为人忠诚，珍视信任，不会背叛你。

◎请他与你希望留住的骨干建立真正的信任关系。他能用良好的人际关系增进优秀人才对公司的忠诚。

◎关注他的其他优势主题。他如果还有“专注”、“统筹”或“自信”主题，就可能具有管理的潜能。员工们如果知道自己的上司为他们着想和希望他们成功，一定会加倍努力工作。他能够轻而易举地建立起这种关系。

◎宽宏大量通常是他的优势。提醒他予以关注,并告诉他,这一优势将帮助他影响周围的人并与他们建立联系。他会感谢你的关注。如此,你们之间的关系也将得到加强。

## 如何管理"责任"主题突出的人

◎他的做人准则是履行诺言。与做不到这一点的人共事会使他痛苦难言。尽量避免把他放在萎靡不振的团队环境中。

◎他以自身工作的高质量为豪。如果你强迫他不顾质量而赶工,他就会反抗。他不喜欢为速度而牺牲质量。

◎同他讨论工作时,先谈质量。

◎切记,他做事主动积极,不需要监督就能完成分配给他的工作。

◎让他担任需要严格遵守道德规范的工作。他不会让你失望。

◎定期询问他愿意承担哪些新责任。他自愿承担新责任,并从中获得动力。因此,多给他机会。

◎注意不要让他承担过多的责任,特别是如果他缺乏"纪律"主题的话。帮助他认清,如果干得太多,就可能"丢球"。而这是他所不乐见的。

◎他说到做到,从不食言,令人称羡。也许你对他印象甚佳,继而决定提升他当经理。**要小心**。他可能宁愿自己做事,而不愿为别人的工作负责,因而不愿管理。遇到这种情况,帮助他另辟蹊径。

## 如何管理"排难"主题突出的人

◎当你希望识别公司内部的问题时,请他发表意见。他往往有真知灼见。

◎把他派去为你的最佳客户排忧解难。他喜欢发现并排除障碍。

◎当公司内部有情况需要立即改善时,向他求助。他不会畏惧,而会按部就班地专心应对。

◎他解决一个问题后,切记赞扬他取得的成绩。对他而言,每一次拨乱反正都是一次成功,他需要你持相同观点。告诉他,其他人依靠他来排除障碍向前进。

◎当他遇到特别棘手的问题时,给他支持。鉴于他以自身应变能力为豪,如果问题悬而未决,他就会产生失败感。帮助他克服挫折。

◎了解他希望如何改进。把这些改进作为其后六个月的目标。他会感谢你的关注。

## 如何管理"自信"主题突出的人

◎让他担任有充分的自主决策空间的工作。他既不希望也不需要被人牵着手走。

◎让他担任需要坚持不懈才能成功的工作。面对各种干扰,他有充分的自信把定方向。

◎让他担任需要处变不惊的工作。在关键时刻,他的内在权威会使同事和顾客保持冷静。

◎他自视行动代理人。应加强他的这一自我意识。对他说:"由你作主。你把这事办成了。"或者:"你的直觉告诉你什么?我们听从你的直觉。"

◎帮助他认识到,他的决定和行动的确有效。当他确信掌握自身命运时,他就最有成效。向他指明卓有成效的做法。

◎要认识到,他也许抱有不切实际的信念,以为他能做到与自身实际优势无关的事。尽管他的自信通常有用,但如果他忘乎所以,或判断严重失误,务必立即指出。他需要清醒的反馈来补充他的直觉。

◎关注他的其他优势主题。他如果还有“前瞻”、“专注”、“追求”或“统筹”等优势主题，就可能具备担任公司负责人的潜力。

## 如何管理“追求”主题突出的人

◎切记，他需要独立。不要过多管束他。

◎切记，他有贡献，要及时表扬，这是他的动力。给他活动空间，但切勿不闻不问。他应得的赞扬要全部给他。

◎给他机会亮相，让大家都知道他。他喜欢成为公众关注的焦点。合理安排他亮相，否则他会不顾场合地自己出头。

◎安排他与可靠和高效率的专业人士共事。他喜欢与高手为伍。

◎鼓励他表扬团队中其他取得优异成绩的人。他喜欢让其他人有成就感。

◎当他宣称要出类拔萃时，帮助他分析为了实现这些理想而必须增强的自身优势。在指导他的时候，切勿要求他降低标准。相反，建议他保持基准，继而开发相关的优势。

◎鉴于他非常重视别人的看法，如果别人不给他应得的褒奖，他的自尊心就会受到伤害。在这种情况下，应提醒他重新关注自身优势，并鼓励他根据自身优势拟定新的目标，继而重新振奋起来。

## 如何管理“战略”主题突出的人

◎让他为公司打头阵。他善于预见和解决问题，这种能力非常宝贵。例如，请他权衡各种方案，并为团队寻找最佳路径。建议他就最佳战略作出汇报。

◎让他参与公司规划。问他：“如果发生这种情况，我们该怎么办？”“如果发生那种情况，我们该怎么办？”

◎在征求他的意见之前，务必给他足够的时间思考。他在发表意见之前需要考虑几种方案。

◎派他参加战略计划或未来学研讨会，以此认可他所具备的“战略”主题。研讨会的内容会使他的思想更加犀利。

◎他往往善于用语言表达观点和思想。为了磨砺他的思维，请他向同事阐述他的观点，或者将想法写成文字在公司内传阅。

◎当你听到或读到适合你所在领域的战略时，务必告诉他，继而激发他思考。

## 如何管理“取悦”主题突出的人

◎让他担任每天都能见到新人的工作。与陌生人见面使他兴奋。

◎派他代表公司与外界打交道。他能使外人感到宾至如归，继而对公司产生好感。

◎帮助他建立系统来记人名。为他制定一个目标，了解尽可能多的顾客姓名和个人资料。他能帮助公司广泛建立市场联系。

◎除非他具备“体谅”和“交往”优势，别指望他会喜欢与客户建立密切关系的工作。相反，他更愿结识新人，征服他，然后再见下一个。

◎他的“取悦”优势会赢得你的好感，使你喜欢他。考虑派他担任新职时，务必摆脱你对他个人好感的影响，而关注他的真实优势。不要被他的“取悦”主题迷倒。

◎如可能，让他在社区内担任公司的亲善使者，代表公司参加社区的俱乐部和集会。

第七章

# 建立优势

## 组织

全部故事

实用指南

# 全部故事

*“谁在发动工作中的优势革命？”*

我们在本书序言中提到，在回答“在工作中，你每天都有机会做你最擅长做的事吗”这个问题时，只有20%的员工能够作出“非常同意”的回答。我们利用这一发现来发动工作中的优势革命。现在，我们必须说一句心里话。关于20%的员工答“非常同意”的数据虽然准确，却不完整。为了让你了解全部情况，我们必须对数据库进行更深入的挖掘。

有些组织已经发动了优势革命。我们数据库中的第75百分位是33%，也就是说，这些组织中有1/3的员工非常同意，他们每天都在发挥优势。在第90百分位上，多达45%的员工“非常同意”。你如果进一步细看数据库，就会发现更出色的优势工作场所。前章节提及的Best Buy经理拉尔夫·冈萨雷斯即是一例。他领导着100名一线员工，其中有一半的人“非常同意”。在佛罗里达州的博卡拉顿，Best Buy的另一家分店的经理玛丽·加里设法营造了这样一种工作环境：这里有70%的员工觉得自己的定位准确，也就是说，在玛丽的商店工作的100名员工(大部分从事顾客服务、装/卸货，或货品上架的工作)中，有70%的人非常同意，他们在工作中每天都有机会做自己最擅长做的事。

诚然,玛丽和拉尔夫是格外优秀的。不过,在我们问到这个问题的所有组织中,我们几乎都发现了类似的优秀人物。其实,我们的调查中最耐人寻味的发现是,对这个问题的回答跨度极大。无论组织多么庞大,也无论其业务种类或所在地点,我们无一例外地发现,有些经理领导的团队属于打头的5%,而另一些经理领导的团队则属于垫底的5%。即使所有员工都从事同一种工作,仍会出现如此巨大的跨度。

拉尔夫和玛丽这样的经理所确立的标准形成了本章试图回答的问题:我们如何才能缩小跨度?我们如何才能让整个组织都像最出色的经理那样有效利用所有人的优势?用数字来表述:我们如何才能让整个组织中有至少45%的员工(第90百分位)非常同意,他们每天都能发挥优势?

你越是思索"在工作中,我每天都有机会做我最擅长做的事吗",这个问题就变得越复杂。出于许多原因,从事某项工作的某个员工可能会作出否定的回答。他可能真的觉得自己缺乏从事这项工作的才干。也许他具备这种才干,但组织对这项工作作出了过多的硬性规定,所以他没有机会施展自己的才干。也许他觉得自己具备这种才干,也有发挥才干的空间,但缺少必要的技能或知识。也许从客观上看,他的定位恰到好处,但主观上他觉得自己还有许多潜力。也许他是对的。也许他对自己的真实优势到底何在有幻觉。也许他非常适合前一个岗位,但是,由于组织想不出别的方式来奖励他,所以把他提拔到了错误的位置上。也许组织发出信号,这是一项"过渡性"工作,结果,任何有自尊心的员工都不会承认自己适合干这行,即使他明知事实如此。

乍看起来,这种复杂性令人不知所措。为了因应所有这些可能性,继而确保你的员工对这个问题作出"非常同意"的回答,你必须关注每名员工的工作生涯的诸多侧面。为了消除他对缺乏所需才干的担心，你必须根据现有明星员工的表现，刻意挑选具备相似才干的人。为了避免硬性规定过多，你必须要求他对自己的表现负责，而不是一步一步地规定他应该如何达到预期业绩。为了消除他对缺乏必要技能和知识的担心，你必须制定培训计划，帮助他把才干转化成真正的优势。为了解决“幻觉”的问题，你必须设计一种方式，让每位经理帮助每位员工发现和欣赏自己的真正优势。为了避免“提拔过头”的问题，你必须向他提供赚钱和升职的不同途径，而不是单纯地沿着公司阶梯向上爬。最后，为了消除他从事“过渡性”工作的想法，你必须表明，从本质上说，没有任何工作是过渡性的。在组织内部，任何岗位上的一流表现都应受到发自内心的尊重。

这样罗列出来之后，如何根据每个员工的优势发展整个组织似乎无章可循，“试试这个，做做那个”。但是，你如果定心思考片刻，就会很快意识到，此举的核心在于关于人的两大信条：

1. 每个人的才干都经久不变，与众不同。
2. 每个人最大的成长空间在于其最强的优势领域。

如你所见，我们转了一个圈。前面，我们指出，这两大信条代表了优秀经理所共有的关于人性的真知灼见。我们现在要说明的是，只要你所做的一切都以这两大信条为基础，你就能成功地应对“在工作中，我每天都有机会做我最擅长做的事吗”这个问题所蕴含的诸多挑战。你会围绕每位员工的优势发展组织。为什么？让我们分析这两大信条，看看它们会引出哪些结论：

◎鉴于每个人的才干都经久不变，**你首先应该花大量的时间和经费把人选对**。这将有助于消除“我想我不具备这项工作所需的才干”的问题。

◎鉴于每个人的才干都与众不同，**你应该通过规定结果来提出业绩要求**，而不是强求每个人风格一致。也就是说，要认真评测正确的结果，而不是一味强调政策、程序和达标能力。这将解决“在我的职位上，我没有表现才干的空间”的问题。

◎鉴于每个人最大的成长空间在于其最强的优势领域，**你应该把培训的时间和经费用于帮助他了解自身优势和探索强化这些优势的途径**，而不是出于补救的目的去力图填补他的“技能鸿沟”。你会发现，如此转换重点将使你获益多多。在建立优势组织的过程中，你将一举避免三个陷阱：“我不具备自己所需要的技能和知识”的问题，“我不知道自己最擅长什么”的问题，以及“我的经理不知道我最擅长什么”的问题。

◎最后，鉴于每个人最大的成长空间在于其最强的优势领域，**你应设法帮助每个人拓展事业，而未必沿着公司阶梯提拔他，致使他脱离其优势领域**。在这个组织中，“提拔”意味着寻求各种途径，使在任何岗位（无论其级别如何）上取得一流业绩的每个人获得名望、尊重和财务奖励。如此，你就能在建立优势组织的过程中克服最后两个障碍：“尽管我定位错误，但这是我拓展事业的惟一途径”的问题和“我从事的是没有人看得起的过渡性工作”的问题。

这四个步骤体现了一个系统的过程。它可以将你的人力资本中隐含的价值最大化。我们向你提供实用指南，帮助你利用这两大信条来改变你挑选、评测、发展和引导员工事业的方式。不言而喻，在把每个员工的才干转化为实际优势的过程中，每个经理始终是关键环节。因此，经理承担着选拔才干、提出明确要求、发挥优势和发展每个员工事业的主要责任。不过，我们把《首先，打破一切常规》一书中的理念进一步展开，为大型组织提供这份实用指南，帮助它们应对在发挥员工优势时所面临的挑战。

# 实 用 指 南

*“如何建立优势组织？”*

◎基于优势的选拔体系
◎基于优势的绩效管理体系
◎基于优势的事业发展体系

## 基于优势的选拔体系

最理想的选拔体系是一项牵涉诸多活动——招聘、面试、测量、教育、监测等的综合事务，在大型组织中必须持续进行。然而，为了明晰起见，我们把这一体系表述为五个简单的连续步骤。你如果从头开始，就应该遵循以下步骤：

首先，你必须**围绕一种测量才干的工具来建立自己的选拔体系**。这样的工具为数不少，但无论你选哪一种，都必须符合两项严格标准：它必须具备心理测量的效度，也就是说，它必须测量它意图测量的内容，并且使用客观评分，即是说，如果两个、三个，甚至一百个人分析某个人的答复，他们都将获得相同结果。这并不是说，所有这些分析人员都会在此人的最佳职位或管理他的最佳方式等问题上得出相同结论，但它的确表明，他们应该使用完全相同的数据来得出各自的结论。

如果你不以这种客观的工具为基础——如果你只是培训经理提高面试技巧，或依靠评估中心的专业分析师来评分，或使用其他存在“评估者信度差异”（即不同评估者对同一候选人的优势和弱点作出不同的评分）的方法，那么你的选拔体系从一开始就存在缺陷。如果缺乏百分之百可靠的数据，你就无法研究所测才干与后期工作表现之间的联系（出于各种晦涩难懂的数学原因，通过存在“评估者信度差异”的体系而获得的数据根本无法使用）。例如，你永远无法获知，哪些才干会提高顾客满意度得分，或改善安全纪录，或减少员工流动，或加快住院病人的康复。你的所有分析中都会漏掉才干因素，继而使你无法了解每个员工的才干对企业重要经营业绩的影响。你凭直觉知道，每个员工的才干都会以某种方式影响你的经营业绩，但是你永远不会知道影响的区域和强度。

当然，我们并不是说，你不应该培训经理提高面试技巧，或借助评估中心是完全浪费时间和经费。我们想要说明的是，这些技术不宜作为理想的选拔体系的基础。打一个老掉牙的比方：经理面试和评估中心一类的手段都是一些效率低下的模拟技术（缺乏准确性、可比性和一致性）。相比之下，客观的才干测量手段是一种数字技术。如果使用得当，它可以充当“兼容的操作系统”，你的其他所有“软件”——商务分析、招聘战略、人力规划——都可以在这个系统中运行。

建立选拔体系的第二步是：**通过研究每个关键职位上的明星员工来校准你的工具**。可以先召开一个简单的小组座谈会。你问一系列开放题，以期对这个职位有所了解，但是，最严格的手段就是开展一次全面的同时效度研究。尽管听起来有点吓人，但开展同时效度研究其实相当简单：你对有关职位上的所有员工进行才干测试，并收集他们的业绩数据，然后根据这些数据挑选 50 名以上明星员工作为研究对象组，同时挑选相同数量的后进员工作为研究对比组。如果你的公司缺少客观的业绩数据，就用通俗方式定义明星员工，即："你希望多雇用像谁一样的员工？"然后，你就寻找研究对象组所共有、而研究对比组所缺乏的回答和才干，然后据此来校准你的测试工具。这一最后的步骤需要具有统计学专业知识的人来完成，但是，此举的最终结果是针对该职位而特意校准的工具，以及对做好该工作所需主要才干的理解。

第三步是**在全公司教授才干语言**。这一步非常重要，原因有好几条，其中之一是，你希望你的经理对招聘最后拍板，而全面理解才干语言将帮助他们明智决策。许多组织的招聘活动是高度集中的，这样做不无道理。人是空前复杂的，所以成立一个专门的部门（通常是人力资源部）来增进对复杂人性的洞察是有益的。正如你期待你的 IT 部帮助经理们更好地使用其手中的高技术资源一样，你也应要求你的人力资源部帮助他们更好地使用其人力资源。不过，这样对比并不完全恰当。员工不是电脑，不会随机附带使用手册，也没有开关。为了发挥其全部潜力，他们需要一位他们信得过的经理：他期望他们出类拔萃，并下功夫了解每个人的秉性和特点。简言之，他们需要一种关系，而这种关系能否建立在招聘的时刻就决定了。

因此，要教你的经理们学会才干语言。使用你经过特意校准的测试工具来为他们输送合格人选。然后，向他们说明每个候选人的主要才干，鼓励他们根据这些才干而作出尽可能明智的决定。诚然，他们偶尔会作出错误的招聘决定，但从大局看，这些错误并不那么重要。为了建立优势组织，你的经理们必须对每个员工的成功进行个人投资。如果你总是高高在上地把员工强加给他们，他们就不太可能进行这种投资。

在全公司教授才干语言的另一个原因是，在招聘时能够使用这种语言。如果仔细翻阅本地报纸的招聘栏，你会注意到的第一个问题就是,才干无关宏旨。大多数招聘广告大声宣布所需技能、知识和资历,却对才干缄口不语。具有讽刺意味的是,它们逐条列举一个人身上能被改变的部分,却忽视了无法改变的部分。

优势组织不应犯这样的错误。识别了一个职位所需要的主要才干之后,你所设计的招聘广告就应询问求职者是否具备这些才干。例如,如果你在同时效度研究中发现,电脑程序员必须具备的主要才干是“分析”(思考问题有条理,数字概念强)、“纪律”(建立常规)、“统筹”(善于面对变动环境而协调各种需求)、“学习”(喜欢学习新本事的过程),那么,你的招聘广告就可以把如下问题作为中心内容:

◎你解决问题时是否采取逻辑而系统的方式?(分析)

◎你是不是一个力争按时完成任务的完美主义者?(纪律)

◎面对多项任务,你能否区别轻重缓急,然后果断行动,按时完成?(统筹)

◎你是否希望学习 SQL、Java 和 Perl 语言,并建立世界一流的数据库驱动网站?(学习)

如果你对这些问题的回答都是肯定的,那么请打电话……

你也许还需要一定的技能和经验水平,但是,如果用黑体字把这四个问题印在版面的中心位置,你就能吸引读者注意力,并且挑战他,看他是否具备这些素质。当然,有些不具备这些素质的读者也会提出申请,但多数人不会。如此,申请人不仅人数较少,而且素质较高,而这是衡量招聘广告效能的最佳尺度。

建立选拔体系的第四步是:**建立全公司的集体主题目录**。这一主题目录有两个突出的功效。第一,它向你提供了一张公司风格的“快照”。从一个层面看,这类信息有其附加值。也许你的公司文化重竞争而轻服务("竞争"主题强,"信仰"主题弱)。也许你的公司文化重服务,但缺乏开拓和创新("信仰"主题强,"理念"和"战略"主题弱)。

但是,从另一个层面看,这张公司的"快照"具有明显的实用价值,有助于你调整人力资源战略,为经营战略服务。假设你的公司是一家银行,并且意识到,如要实施交叉销售的经营战略,各个支行的出纳员就必须更加重视销售。过去,你可能尝试对支行的出纳员实施再培训,以期使他们成为销售人员,结果往往一团糟:许多出纳员为自己对顾客有求必应而自豪,但把销售看作是一项糟糕透顶的工作。

如今,你可以采取一种更高明的做法。你可以观察全部出纳员,确认哪些人具备体现销售心态的才干,如"行动"、"统率"和"取悦"。然后,你就能下大功夫培训这些出纳员,让他们掌握交叉销售的技能和知识,并重组你的支行队伍,让经过再培训的出纳员放手销售,而让其他出纳员继续做他们最擅长做的事——提供优良的客户服务。

上述例子假定,你在用现有的兵力打仗。有时情况的确如此。但是,一家公司往往有条件利用全公司的主题目录来组建一支全新的队伍。例如,假设你的主题目录表明,你的一线经理队伍整体上具有"成就"、"公平"和"专注"的才干(顺便说一句,实际情况往往如此。这三项才干都非常突出的人有干劲,善于提出明确的要求,不会对周围的人蛮不讲理。这些素质恰恰是提升经理的前提条件)。不过,我们进一步假设,这支经理队伍缺乏"个别"、"完美"和"交往"的才干。鉴于才干是贯穿始终的,任何再培训都无法帮助现有的经理队伍与员工建立良好关系,充分了解员工的优势,并为员工的成功创造条件。如果不改变这样一支队伍,你的公司要保留和培养有才干的员工总会力不从心。

你不必为这一发现而沮丧。如今,你可以避免投巨资对这些经理进行再培训,转而花钱挑选具备这些才干的新队伍。我们并不是建议你用一支新队伍整体取代现有队伍。这不可能,也不可取。相反,我们的意思是,当你把每个新人提拔到管理层时,你务必仔细了解他/她的基本情况,看看此人是否具备大多数人不具备的才干。如此,你就能逐步而有意识地一一改变公司的风格。

主题目录的另一个作用是,在每个员工上岗后,长期引导他的职业发展。如你所知,公司是一个流动的组织,随着员工和公司的不断发展,不同职位上的员工会频频变动。为了保持生机和活力,公司必须考虑每个员工的才干,继而确保对每个员工作出适合于他的决定。这种情况是很少发生的。大多数公司密切关注员工的技能、知识和工作经验,却忽视他们的才干。即使在招聘时搜集了某些主题信息,也被很快束之高阁。

你的选拔体系必须避免这一根本性的错误。利用主题目录来获取和保存有关每个员工才干构成的信息。建立一个系统(内部网、互联网或实体),以便在考虑对一个员工进行内部调动时,相关决策人能够参阅该员工的主题构成。这种主题构成不仅不会限制当事人的职业选择,而且会鼓励你对他进行大跨度的调动,即使他暂不具备必要的技能、知识或工作经验。正如第五章所述,无论如何调动,当事人都会随身携带其个人才干,而其余的东西你都能随时教会他。

建立基于优势的选拔体系的最后一步是,**分析所测才干与后续业绩之间的联系**。许多人力资源部门都有一种自卑感。他们怀着最美好的意愿,全力强调人的重要,但是,当他们坐在会议室里时,总感到自己没有受到与财务、市场或经营部门相同的尊重。在许多情况下,他们是对的。但不幸的是,在许多情况下,他们不配获得他们期望的待遇。为什么?因为他们没有任何数据。大多数老总都知道,他们的员工素质会影响他们的经营业绩。但是，他们理所当然地期望听到更详细的解释。以下就是精明的老总期望得到回答的一些问题：

◎我们的招聘工作到底效果如何？我们到哪里去找最有才干的候选人——大学、对手公司、军队、本地报纸、互联网？我们怎么知道哪招灵？

◎什么样的人像流星，出道时业绩极佳，而后却黯然失色并离开公司？我们怎么知道？

◎我们每提拔一个人，是不是相应地提高了经理人员的才干水准？我们怎么知道？

◎什么样的人具备成为未来领导人的才干？我们手中有多少这样的人？我们是否在刻意多雇这样的人？我们怎么知道？

◎我们是不是把培训预算用在最有才干的员工身上？我们怎么知道？

◎什么样的人获得经理的好评，却受到客户的抱怨？我们怎么知道？

如果缺少客观测量的才干数据，甚至最有经验的人力资源主管也会被这些问题难倒。但是，如果掌握了数据，他就可以详述被测才干与后续业绩之间的联系。以最后一个问题为例：什么样的人获得经理的好评，却受到客户的抱怨？

盖洛普在为一家大型电信公司服务时，有机会看到了经理人员对5，000多名面对顾客的一线员工的评估，员工的个人主题构成，以及客户给他们的表现评分（针对每个员工，公司每个月要联系15位顾客，请他们就所接受服务的质量打分。调查持续了10个月，每个员工得到了150位顾客的评分）。我们把所有这些数据汇集在一起，试图寻找其中的联系。

我们的第一个发现是："责任"和"和谐"主题突出的员工得

到了经理的最高评分。仔细想想,你会觉得这很有道理。如果一个员工总是按时上班,不惹麻烦,那么老板就会对他青睐有加。了解这一情况后,人力资源主管就可能对他的老总说:“如果我们想提高经理评分,就应该多雇具备‘责任’和‘和谐’才干的人。”不幸的是,如果接受和落实这样的建议,公司就会误入歧途;因为我们的第二个发现是:经理评估和顾客评分之间毫无联系。用数字来说,这两套数据之间的统计关联度为零。经理评估的所有行为都与顾客无关。即使经理们评估的是员工的鞋码,顾客也不会在意的。

第三个,也是最后一个发现才把我们引上正路。我们发现,与每个员工的顾客评分相关的主题不是“责任”和“和谐”,而是“成就”、“积极”、“学习”、“统率”和“排难”。这样的员工有干劲、精力充沛、积极乐观、乐于学习,有充分的自信来掌控并解决顾客遇到的问题(并且敢于在与经理发生分歧时据理力争。这也许是经理对他们评分较低的原因)。根据这个发现,公司可以采取两项措施:它可以根据这五个关键主题调整招聘和选拔方案;它也可以摒弃复杂的经理评估程序,代之以比较客观的业绩评估:顾客满意度评分。

顶级的人力资源部必须学会商务语言。他们必须能用数学方法解释人性对经营业绩的微妙而重要的影响。只有这样,他们才能证明自己像其他部门一样重要,并得到他们应得的尊重。

## 基于优势的绩效管理体系

一旦你发现了每个人最突出的才干,下一个显而易见的目标就是引导和增强这些才干,使之转化为可测量的业绩。所有的组织都会赞同这一点。更令人惊讶的是,大多数组织还会同意,应关注三个关键的业绩领域。

1. 当事人对经营业绩的影响，如一名销售员完成的销售量，一个生产小组每生产100万件产品的废品率，一家商店经理的商品损耗率，或一个餐馆经理的利润增长率，等等。

2. 当事人对内外客户的影响。一家公司可以通过不同的方式对此调查——神秘顾客暗访、电话调查、室内调查、顾客来电监听等——但是，关注点是相同的：顾客所受服务的质量。

3. 最后，当事人对周围员工的影响。同样，一家公司可以通过不同的方式对此调查——评估每个员工各种表现的360度调查、员工民意调查、经理的定性评估等——但无论选择什么体系，关键在于要求每个人对自己给公司文化带来的影响负责。

然而，组织应该采取什么措施来改进一个人在这些领域的表现呢？在这个问题上，共识消失了。从概念上讲，所谓“绩效管理”可以分为两个截然不同的派别。两派都认为，员工不仅至关重要，而且充满潜力。但是，只有一派能够营造有利于发掘员工潜力的环境，并创造以每个员工的优势为基础的工作场所。不幸的是，基于优势的一派目前属于极少数。

比较强大的主流派是那些硬性规定业绩**程序**的组织。如果业绩是一个人通往某种结果的旅程，那么这些组织所关注的就是旅程的步骤。他们创造性地规定旅程的细节，并在此基础上，试图教每个员工沿着同一条路径前进。

这些要求员工亦步亦趋的组织有许多共同特征，如要求员工严格照章办事，过分依赖于程序再造等。但是，他们当前最鲜明的标记也许是对管理“达标能力”的痴迷。为了改进每个经理对企业文化的影响，这些组织确立了一系列的理想行为或“达标能力”（如：“恰当施展幽默”、“接受变革”或“进行战略思维”），然后花大量时间和经费教每个经理获得这些能力。在这些组织中，由于风格培训是重点，而实际业绩评估只是附带进行，所以最受关注的问题是:“既然我们下大力培养‘达标能力’,我们如何评估人们是否在增强这些能力呢?”

对基于优势的少数派而言,这个问题是毫无意义的。这类组织所关注的不是旅程的步骤,而是它的终点——也就是说,用正确方法来评估每个人在这三个关键领域的绩效。因此,这些组织的培训工作旨在帮助员工寻找各自实现既定目标的途径。他们不会绞尽脑汁去评估这种培训的效能,而是**首先**确定正确的结果指标,然后组织培训来推动这些指标。如果指标上升,培训就是有效的,否则,培训就无效。

关注步骤的主流派也会对某些业绩结果进行评估(尤其是经营业绩);同样,基于优势的少数派会确定和教授某些程序(每个服装设计师必须知道如何裁剪,每个贷款员必须知道如何评定银行客户的资信)。尽管如此,两派之间的区别的确存在。关注步骤的组织力图抹煞每个员工固有的个性,而基于优势的组织则力图把这种个性转化为效益。

那么,你的组织应采取哪些行动,才能加入基于优势的派别呢?我们建议采取以下四个步骤:

第一步是**确定评测目标绩效(旅程终点)的正确方式**。在经营业绩领域,这是相当简单的。通过一个简单的问题,如“公司雇这个职位上的员工来做什么”,你就能理清思路,寻找正确的尺度来对这个职位进行评测。不过,即使在这方面,也有一些发明创造的余地。考克斯通信公司的客户服务中心坐落在加利福尼亚州圣迭戈的郊外。该中心的数百名技术支持人员所接受的评测不仅包括通话时间(打电话的平均长度)和工作记录时间(在一个工作日里,每个人与客户打电话的时间所占平均百分比)等一般尺度,而且包括一种颇为奇特的尺度:“上门服务”。如果支持人员无法通过电话解决客户问题,而必须派一辆修理车前往客户家,就算一次“上门服务”。鉴于这经常会给客户造成不便,所以公司鼓励支持人员尽量少派修理车上门。

当你努力为每个关键职位确定经营业绩的评测尺度时，有些员工会断言："我的职位无法测量，因为它太无形，变化太快，主观性太强。"对此，你不必气馁。他们也许是对的。他们的职位可能具备所有这些特点，但是，在当今瞬息万变的商业世界，所有职位都具有这些特点。不言而喻，有些职位比其他职位更容易受到变革的影响，但实际情况是，所有职位，无论多么变化多端，都有一个目的：产生某种结果。你应该能够对其中一些，甚至是大部分的结果进行清点、评估或测定。只要大胆分析，你就会发现，每个职位其实都存在多余的"上门服务"的问题。

测量每个员工对顾客的影响则稍难一些。考克斯通信公司支持人员的顾客对服务的期望与银行出纳员的顾客对服务的期望迥然不同。同样，一个部门的外部顾客的要求与同一个部门的内部顾客的要求迥然不同。面对这种多样性，许多组织设计了针对特定职位的调查问卷，以便分析员工与顾客互动过程的每一个步骤。不幸的是，这些洋洋洒洒的问卷把事情搞得过于复杂了。作为诊断工具，它们有时是有用的——"我们的雇员到底如何与顾客互动？"——但是，由于它们过于复杂，是无法用作业绩评估的尺度的。

一种更有效的做法是设计一种简单的方法，来测量你希望在内外顾客身上创造的情感结果。然后，你就可以要求每个员工使用各自的天生优势，来创造这些情感。根据盖洛普公司对顾客忠实度的广泛调查，我们挑选了以下三个问题，作为一个既简单又准确的尺度，来测量员工对内外客户的影响：

1. 总体上，你接受的服务在多大程度上满足了你的期望？是远远高于期望，还是远远低于期望？

2. 你在多大程度上可能把这种产品/服务推荐给别人？很

可能,还是很不可能?

3. 你在多大程度上可能继续使用这种产品/服务?很可能,还是很不可能?

就现有技术而言,把一个员工与一个顾客联系起来并不难。通过直接向你的内外顾客问这三个问题,你就能避免潜在的偏见,或上述的经理评测失效的问题,继而准确评测每个员工对顾客的实际影响。

评测每个员工对其同事的影响同样不易。鉴于每个经理与其员工的关系,以及每个员工与其同事的关系所涉及的方面广泛而复杂,不少组织企图根据某些预先确定的"达标能力"来对这种关系加以硬性规定,我们就很难指责它们。然而,如前所述,我们建议采取一种更有效的做法,即测量一种高效率的文化所产生的结果,然后要求每个经理使用最合适于他的方式,来创造这些结果。以下 12 个问题界定了一种高效率文化所产生的结果。我们建议向每个经理的员工问这 12 问题;回答采用 5 分制(5 表示"非常同意",1 表示"非常不同意")。

1. 我知道对我的工作要求吗?
2. 我有做好我的工作所需要的材料和设备吗?
3. 在工作中,我每天都有机会做我最擅长做的事吗?
4. 在过去的 7 天里,我因工作出色而受到表扬吗?
5. 我觉得我的主管或同事关心我的个人情况吗?
6. 工作单位有人鼓励我的发展吗?
7. 在工作中,我觉得我的意见受到重视吗?
8. 公司的使命/目标使我觉得我的工作重要吗?
9. 我的同事们致力于高质量的工作吗?
10. 我在工作单位有一个最要好的朋友吗?

11. 在过去的 6 个月内，工作单位有人和我谈及我的进步吗?

12. 过去一年里,我在工作中有机会学习和成长吗?

如果你读过《首先,打破一切常规》,你就会知道,这些问题是从数百个问题中挑选出来的。之所以如此,是因为,如果严格使用这种措辞(加上诸如“每天”、“在过去的 7 天里”和“最要好的朋友”这样的限定语),这些问题能够预测员工流动、生产效率、利润率和顾客忠实度。如果每年问两次,这些问题就能最有效和最有的放矢地测量一名经理对员工的影响。但是,它们并不强求每个经理用同样的方式实施管理。以第一个问题“我知道对我的工作要求吗”为例,只要过了 6 个月,员工知道对自己的要求,公司就不必在意经理讲明要求的具体方式,无论是一对一的详谈,还是每周一次的小组会。再说一遍,界定的是结果,而不是过程。

那么每个员工对同事的影响呢?上面的 12 个问题并没有涵盖这项内容,因为它们主要关注经理与员工的关系,而不是员工之间的关系。所以,我们建议使用以下四个问题。这也是我们对高效率的工作场所进行研究后得出的:

此人工作时:

1. 是否准时?
2. 是否准确?
3. 是否积极相助?
4. 是否尊重你的意见?

通过公司的内部网,你可以每年进行两次这样的简短调查,让每个员工指出过去 6 个月中与自己有过重要接触的个人，并按照五分制匿名对这些人进行评估。

在掌握了这三种结果的评测尺度——经营业绩、对顾客的影响和对文化的影响之后，你就可以采取剩下的三个步骤，来建立基于优势的绩效管理系统。

第二步是**为每个员工建立绩效记分卡**。大型组织需要使用一种均衡记分卡来测量其整体绩效，这一点近来引起广泛关注。罗伯特·卡普兰和戴维·诺顿在其所著《均衡记分卡》一书中指出，只有通过测量一家公司各方面的业绩，才能对其真实优势作出评估。传统的绩效评测标准，如利润和收益增长率，都是滞后指标。正如一名经济学家所言，它们是“对最近一段时期的粗略估计”，因而无法预示一家公司的未来走向。你如果希望预测公司的未来发展，就需要在记分卡上增加前导指标，例如：公司是否拥有不断扩大的忠实顾客群，员工是否敬业，每个新员工是否增强公司的团队实力等。

这想法很高明，应将它用于每个员工。应给每个员工发一张均衡记分卡，来对其整体绩效进行客观评测。记分卡上的各栏应记录一个员工在以下三方面的绩效数据——经营业绩、对顾客的影响和对文化的影响。记分卡应便于阅读，并且，在理想情况下，应该为这三方面的绩效各归纳出一个总数和一个比较数值（可以是每一栏的第 50 百分位；如果你想用最佳业绩来激励员工，也可采用第 75 百分位）。记分卡每年至少应更新两次。

这张记分卡可以达到两个目的。首先，它可以告诉每个员工，在他的岗位上，什么是成功的标准。你可能以为这一目了然，但会吃惊地发现，大批员工并不知道他们的成功是如何评测的。事实上，在我们为 170 万名员工建立的数据库中，至少有 67% 的人对“我知道对我的工作要求”这句话，不能表示“非常同意”。更让人担忧的是，鉴于他们不知道对他们的工作要求，他们就不知道如何合理使用时间。不仅如此，由于不知道成功是如何评测的,他们在公司就永远没有机会获得成功感。

第二,这张记分卡会在每个员工心中强化公司的价值观。劝诱经理尊重员工是一回事。而每年两次要求他们对员工如何回答 12 个问题承担责任则是另一回事。这同样适用于每个员工对顾客及同事的影响。评测将用定量的方式来揭示定性的公司价值观。

第三步是,**要求每位经理与每个员工讨论其优势**。在所有步骤中,这一步最常被忽略。大批公司无视每个员工的独特才干,继而认定相同职位的员工需要相同管理。好比公司用员工来下跳棋,以为同一职位的员工的走法彼此相同:会对相同的培训作出相同反应,会用相同的方式学习,需要相同程度的监督,至多是对新手稍严,而对老手较松。

相比之下,优势组织用他们的员工来下象棋。他们知道,每个棋子的走法都互不相同。他们如果分不清每个棋子,就可能把车当成马,而把马当成车,继而导致车马双双受挫,最后输掉棋赛。所以,他们从一开始就刻意了解每个棋子的高招,其中一些高招源自该棋子的技能、知识和经验,但更多的高招则源自某种才干或才干组合。

经理在招聘一名新员工并与他建立关系时，务必开展一次优势讨论。讨论形式可视经理的风格而有所不同,但必需涵盖以下内容:

◎员工最强的主题是什么?

◎它们与绩效有什么关系？会产生什么样的风格?

◎为将其才干变为真正的优势，员工需要学习什么技能或获得什么经验?

◎员工希望接受什么样的管理（他得到过的最高赞扬是什么?他愿意主动对经理讲心里话,还是需要经理问他?他非常自立，还是希望定期与经理碰头？如此等等。如果你的公司采用"优势识别器测试"，那么有关经理行动的内容会有帮助）。

这些优势讨论还可以触及其他领域，如员工的个人情况或职业目标，但应把以上四方面作为谈话重点。

除了帮助经理深入了解一些实际情况外，此类讨论的最大益处在于使员工意识到，公司关注他的优势。如果你想留住一名有才干的员工，就不仅要让他感到，你关心他并愿意帮助他成长，更应让他感到你**了解**他，你由衷地认可他（或至少为此而努力）。如今的工作场所往往抹煞个性，变化无常。你的公司如果关注员工的优势，就会独树一帜。

这种认可并不意味着你让员工少劳多得。恰相反，这意味着你给他压担子。你之所以对他提出更高的要求，恰恰是因为你知道他出类拔萃的最大潜力在哪里。现在，他知道你了解他。**让他知道你了解他的优势**——这是推动他创造佳绩的最好方法。

现在，你有了评测他的努力结果，即他的绩效的尺度。你有均衡记分卡来跟踪他的努力过程。你们从一开始就建立了一种关系，其基础是：他意识到你关注他的优势。为了完善你的绩效管理体系，你需要一套机制把上述各部分结合在一起。你需要引导他的优势沿着对他阻力最小的路径去创造佳绩。

尽管许多人力资源和培训部门功不可没，但相比之下，经理是员工职业旅途上对其影响最大的伙伴。因此，引导员工创造佳绩的最佳机制必然是：**员工与其直接主管定期举行卓有成效的会面**。除了我们叙述过的其他步骤以外，如果你能确保你的经理们每季度至少花一小时与每个员工讨论绩效，那么，坚信自己每天都能发挥优势的员工人数肯定会增加一倍。

这似乎易如反掌，从某种意义上讲也确实如此。你可以采用多种行动来增加谈话的深度。例如，你可以研究各个关键职位上的明星员工的工作方法，然后编写一本正式的培训指南，供你的经理在为员工出主意时参阅。或者，如我们在《首先，打破一切常规》一书中所言，你可以训练你的经理在每次会面时关注以下三个基本问题：

◎该员工未来3个月中将关注什么问题？
◎他打算获得什么新发现（或学习什么新东西）？
◎他希望寻找什么样的新合作伙伴（或建立什么关系）？

此类技巧固然有用，但归根结底，即使不进行这样的微调，员工定期与经理见面也会极其有效。为什么？原因很多。它们保持了一种压力，促使员工不断实现短期目标，经理不断增加价值。它们使经理更加贴近一线行动，继而更体谅员工和更早发现市场巨变的蛛丝马迹。它们向经理提供了所需细节，以便他们体察员工之间的细微差别。它们让双方畅所欲言，继而将一般性的培训与每个员工的具体需要相结合。当然，它们也有助于加强二者之间的关系。

事实上，当今的工作场所充满了活力和个性，如果不开展这样的讨论，几乎不可能建立优势组织。如果你的经理不能定期与你的每个员工会面，你在中心位置上做的其他一切工作——开展同时效度调查、建立主题目录、设计评测体系等都将大打折扣。

## 基于优势的事业发展体系

你建立优势组织要跨越的最后一道障碍是：你如果不断把员工提拔到与他们的优势不符的职位上，就无法把他们的优势转化为业绩。

对于提拔过头的危害，我们已有至少30年的认识（20世纪

60年代末出版的《彼得法则》描述了大多数人如何被提拔到他们无法胜任的职位上）。既然如此，我们为什么还要这样做呢？是因为我们希望给员工成长的机会？因为我们不希望员工停滞在现有职位上？因为我们想帮助他们发展事业？因为我们希望奖励他们的出色工作？毫无疑问，我们受到了所有这些合理意图的影响。然而，其中没有一条非要我们提拔一个员工。员工可以学习，发展他们的事业，因工作出色而受到赞扬，但不一定非要得到提拔。因此，我们又回到老问题：为什么一谈到员工个人进步，事业发展和获得赞誉，我们总要提拔他？除非我们刨根问底，否则再过30年，彼得法则在组织中仍会像今天一样根深蒂固，成千上万的员工会感到自己站错了位，继而使无数的公司遭到削弱。

我们对此的解释是：大多数组织之所以不断提拔员工，是因为它们把一个伟大的见解与一个重大的错误危险地混为一体。这一伟大见解基于一种直觉，即：渴求名望是人类所有动机中最强烈的动机。正如弗兰克·福山（Frank Fukuyama）在《历史的终结和最后的人》一书中所述，自古以来，许多最睿智的思想家都认为，"希望被别人尊为非同凡响的杰出人士"是人类的本性。"柏拉图讲到气魄（thymos）或'精神'；马基雅弗利（Machiavelli）讲到人对荣耀的渴望；霍布斯（Hobbes）讲到人的骄傲和自负；卢梭（Rousseau）讲到人的虚荣心（amour－propre）；亚历山大·汉密尔顿（Alexander Hamilton）讲到人对功名的热爱；詹姆斯·麦迪逊（James Madison）讲到人的野心；黑格尔讲到认可；尼采则把人描画成'长着红脸蛋的野兽'。"这些思想家并不是说，我们都是自我中心主义者。他们只不过想表明，我们每个人从心底都渴望被别人视为值得尊敬的人；而且这种愿望极为强烈，以至于我们愿意冒死亡或伤残的危险去实现它。

我们大多数人不需要黑格尔、尼采或柏拉图来说服我们，而能凭直觉感受到这一点。在我们的所有人际交往中，从球场上的争吵到反抗压迫这一人类最崇高的抗争，我们都听到道德权威的声音在说:“给予我做人应有的尊严。”这一伟大的见解说明，为什么我们本能地意识到,偏见是错误的,人的自然状态是自由的,而嘉奖一个人的最佳方式就是给予他更高的名望。

我们这样想是对的。一个组织一旦忘记了这一伟大见解,继而无法满足个人对名望的需求，下场只会是逐个流失每个人的活力和热情。最近,有人试验在组织内部消除等级制度,创建扁平化和自我管理的队伍,其中没人当头,大家都是“同事”。这类试验虽然在理论上别出心裁，但恰恰由于挫伤了个人对名望的追求而在实践中陷于失败。

如果我们的伟大见解在于,所有的人都渴求名望,而这一渴望应予以引导,而不是抹煞或压制,那我们犯的重大错误又是什么呢?我们所犯的重大错误在于认定,所有的人都渴望相同的名望——伴随权力的名望。直到大约 20 年前，这种观点算不上错。在高度专制的社会中,每个人选择和判断的自由都受制于顶头上司的一转念。在这种情况下,惟一值得获取的名望来源于对别人的权力。直到 20 年前,大多数有着集中指挥和控制的文化的组织都是高度独裁的社会。难怪每个人都以最快的速度全力攀登权力阶梯。这是避免受制的惟一途径,也是获取尊重的惟一途径。

然而,今天的很多组织正在摆脱指挥和控制,向授权文化转变。它们不得不这样做。在重视专业知识和个性化顾客关系的知识经济中，员工可能比经理更了解他们的领域或顾客群，因此，经理控制员工的选择和判断的权力大大削弱。在这类组织中,谁享有更高的名望,是天才的程序员还是他的老板?是超级销售明星还是他的销售经理？是一呼百应的商店经理还是他的地区总监?

回答是,在知识经济(加上紧俏的劳动力市场)条件下,任何在各自职位上出类拔萃的人，无论员工、主管、经理还是领导，都应该享有名望。**为了鼓励公司欢迎的各种近乎完美的工作表现，应当设立多种不同的名望。**不幸的是，大多数组织的结构并不利于提供多样化的名望。它们尽管承认授权的必要性，但仍固守一种名望——源于对别人控制权的名望。而由于只看到一种名望，它们只设计了一条获得名望的路径：好好干，获得提拔和权力；再干好些，爬得更高，权力更大。如果等级制度不过是把不同的名望分配给不同的人，那么此类组织的缺陷并非等级太多，而是太少了。它们吃亏在于名望短缺。

优势组织必须避免这一缺陷。它必须广施各种含义丰富的名望。在实施中，这是一项复杂而细致的工作，但原则上，我们建议你采取两个基本步骤。第一，**你的组织必须建立更多的阶梯。**为了做到这一点，你需要对每一个关键的职位界定三个阶梯：好、优秀和杰出。你可能不会使用这些字眼，但无论你怎样表述，最高层级都应代表该职位的顶级业绩。另一要点是，你必须确立具体的业绩标准（不仅是资历）。如果员工要从一级升到另一级，就必须达到这一标准。你可以使用上述均衡记分卡来确定每一级所需要达到的业绩水准。阶梯的层数和需要达到的业绩水准显然会因职位而异，但此举的最终目的在于对任何职位上的新员工说："这是你的职位上的泰格·伍兹级的业绩。你要晋升这一级别，就必须达到这样的水平。"

该员工可能回答："没问题，但如果我达到了泰格·伍兹级的业绩，我在公司中会受到尊敬吗？"你最好给出肯定的回答，否则，他会不屑于去攀登。因此，建立基于优势的事业发展体系的第二个步骤是：**激励员工去攀登阶梯**。显然，实现这一目标的最佳方式就是重新分配名望，使你爬得越高，获得的名望越多。这意味着你必须改变头衔体系。为什么你的顶级商店经理、护士长、销售员，甚至顾客服务代表不能拥有一个高级头衔呢？这乍听起来可能很奇怪，但他们为什么不能拥有一个能带来相应名望的头衔呢?如果你的客观计分卡表明,他们在创造公司所需的成果方面一贯表现出色，为什么仅仅因为他们没有身居高位的权力就拒绝给予他们名望呢？有人会说,由于有悖于行业准则,不应该把这些头衔授予低职位人员。这虽是实情,又怎么样？鉴于大多数行业准则都不以优势为基础，你也许不愿让它们束缚你的公司。

你还需要通过调整薪资体系来反映名望的多样化。正如我们在《首先,打破一切常规》中所言,最有效的做法是实施宽带工资制。也就是说,要建立宽带工资系统,使职位阶梯上层级最高的员工的工资超过新人 30%、40%,甚至 50%。

如果你担心这会增加你的人力成本,切记,你建立的宽带是可以相互重叠的。如果你认定,从理论上讲,一名才华横溢、经验丰富的顾客服务代表比一名新上任的经理挣得多是正常现象,那么你就可以在实践中提高前者而不是后者的工资。你提高工资并不会在各级引起连锁反应。

此外,你如果刻意激励你的一些员工,让他们在本职岗位上创造近乎完美,世界一流的业绩,就会发现更少的员工能完成更多的工作,同时得到更多的收入。因此,即使部分员工的收入增加,你的员工总数和人力总成本都会下降。

你还可以把宽带工资中的一部分定为“风险”报酬,而不是基本工资。鉴于员工福利的大约 40% 都是根据基本工资计算的,所以你的福利支出也不会大幅度增加。实际上,通过使尽可能多的职位上的员工能得到有意义的名望，你可能已经大幅度降低福利支出。马特·里德利在他的新作《基因组:一个物种的 23 章自传》中讲到了工作状况与健康的关系:“在对(英国)17,000 万名公务员开展大规模的长期调查后，人们得出了一个近乎不可思议的结论:一个人的工作状况比肥胖、吸烟或高血压更能预测他发生心肌梗死的可能性。从事低级工作的人（如守门人）发生心肌梗死的可能性几乎是阶层顶端的国务秘书（最高级别的公务员）的 4 倍。事实上，即使这位国务秘书肥胖、高血压或吸烟，他在一定年龄发生心肌梗死的可能性仍比瘦削、不吸烟和血压不高的看门人要小。这一结果与 20 世纪 60 年代对贝尔电话公司 100 万员工开展的类似调查所取得的结果完全相同。”

这就是说，员工的健康状况与你给予他们的职位多大的名望有着密切关系。组织给予的名望越多，员工就越健康。如果名望较低，则员工的身体就不太健康。用里德利的话说：“你的心脏是受到工资等级支配的。”盖洛普公司进行的研究进一步证明了优势组织与其员工健康状况之间的联系。我们对大约 8,000 个经营单位的 198，000 名员工进行的最新元分析表明，声称他们每天都有机会做他们最擅长做的事的员工请病假较少，较少提出员工索赔要求，并且在工作中较少发生事故。

上述增加了你建立优势组织的责任。是的，如果你希望自己的组织提高生产率，就要发挥每个人的优势；如果你希望提高顾客忠实度，就要发挥每个人的优势；如果你希望留住你最能干的员工，就要发挥每个人的优势。但同样重要的是，如果你重视员工的安全和健康，就要发挥他们的优势，并给予他们应得的名望。

* * *

大多数组织都像在黑屋子里拼接起来的拼图。每一块都被硬塞进现在的位置上，然后把边角磨平，使它们感到自己定位正确。但是，如果拉开窗帘，让屋子里有一点光亮，我们就会发现真相——10 块中有 8 块放错了位置。

每 10 个员工中有 8 人感到自己定位不当。每 10 个员工中有 8 人从无机会来展示自己的优势。他们自己、他们的公司和顾客都受到伤害。他们的健康、朋友和家人也都受到伤害。

事情不该是这样。我们还可以把窗帘拉得更高。我们可以凸现每个人的优势。我们可以为他派一个对他的优势感兴趣的经理。我们可以建立一个要求他发挥优势,并给予他相应的荣誉的组织。我们可以让他尽其所能,并鼓励他更加上进。我们能够帮助他建立辉煌人生。

当今世界,知识经济加快发展,全球竞争日益激化,新技术迅速转化为商品,劳动大军不断老化。由于这一切,定位正确的员工的价值与日俱增。优秀组织的领导人必须更加精明和有效地发挥员工的潜力。我们必须确保员工优势与所任职位完全匹配。只有这样,我们才能变得空前强壮。只有这样,我们才能战无不胜。

# 附录

# 关于优势识别器的技术报告

*“优势识别器的研究基础是什么？为完善这个工具还将进行什么研究？”*

**盖洛普公司资深研究主管西奥多·L·海斯博士**

在评价优势识别器这一工具时，必须先考虑许多技术问题。一类问题所涉及的是信息技术，以及使用网络来开展人性研究的种种可能性。另一类涉及心理测量学，即通过测量而对人类行为进行的科学研究。心理测量学有许多美国和国际标准（如AERA/APA/NCME，1999），被用来评估各种测试方法的信度，包括优势识别器。本报告讨论由这些标准产生的一些问题，以及一名领导在其所属组织中运用优势识别器时可能遇到的一些技术问题。

我们为希望阅读原始资料的读者列出了若干技术参考文献。这些技术资料可从各地大学的图书馆或在互联网上查到。欢迎读者与盖洛普联系，以做进一步的讨论，或查阅附在报告后部的文献。

**优势识别器是什么？**

优势识别器是根据成功心理学对正常个性进行的一种网上

评估。它是第一个特意为互联网而开发的评估工具。优势识别器共有 180 个项目,通过可靠的网络连接展示给用户。每个项目列出一对描述句,例如“我仔细阅读说明书”和“我喜欢跳过细节切入正题”。这些配对描述往往位于某种情形的两端。测试者被要求挑选两者中最适合他/她的描述,并表明适配程度。对于每个项目,测试者有 20 秒的回答时间,然后测试自动进入下一个项目(优势识别器的开发研究表明,20 秒的时间限制基本不影响测试完成率)。这些项目分属 34 个主题。

**优势识别器基于什么样的个性理论?**

优势识别器基于成功心理学的一般模型。它揭示个人动机(奋斗)、人际关系技能(交往)、自我表达(影响)和学习风格(思维)。

**什么是成功心理学?**

成功心理学是一个框架或范例,是从健康和成功的生活功能视角来研究心理学的一种方法。其研究课题包括乐观主义、积极的情感、灵性、欢娱、满意、个人发展和安康。这些课题(以及类似课题)可以在个体层面上研究,也可以在工作班组、家庭或社区中研究。虽然一些诊疗专家也在研究成功心理学,但通常诊疗专家所关注的是**消除**功能障碍,而成功心理学家则关注**维持或提高**成功的功能。《美国心理学家》(2000)最近出了一期专刊,刊登了由几位最著名的学者撰写的有关成功心理学的综述。

**优势识别器是与工作有关的调查表,还是临床调查表,或者二者都是,或都不是?**

优势识别器是一个基于成功心理学的综合性评估工具,主要应用于工作领域,但也用来理解各种背景——家庭、执行小组和个人发展——下的个人行为。它不能用于临床评估或心理障碍的诊断。

**为什么优势识别器不基于20年来已在研究刊物中得到公认的个性"大五"("big five")因素?**

个性的"大五"因素是神经质 neuroticism(反映感情的稳定性)、外向性 extroversion(寻求其他人的陪伴)、开放性 openness(对新经验和新思想等感兴趣)、宜人性 agreeableness(可爱,和谐)、责任心 conscientiousness(遵守纪律和规章,诚实)。大量科学研究证明人类个性功能可归纳为这五个领域。这些研究跨越了多种文化和语言(例如,McCrae and Costa, 1987; McCrae, Costa, Lima, et al., 1999; McCrae, Costa, Ostendorf, et al., 2000)。

优势识别器之所以不基于"大五",是因为"大五"是一个测量模型,而不是概念模型。它是从因子分析中得出的,而没有任何理论支撑。它由普遍认同的几个个性要素组成,但概念上它并不比四个或六个因素更正确(Block, 1995; Hogan, Hogan, and Roberts, 1996)。优势识别器可以浓缩到"大五",但是这样做得不到什么新的东西。事实上,若将优势识别器测试者的得分归纳成这五项,得到的信息将比对"大五"的现有测量更少,因为后者除了五项得分外,还列出其分项得分。

**为什么优势识别器使用这180个配对项目,而不用其他项目?**

30年来,盖洛普对成功人士进行了系统而规范的研究,而上述配对描述就反映了这些研究结果。它们源于对项目功能的定量分析,以及对各主题及其所含项目所具有的代表性的内容分析,并注意到整个评估的构想效度。一旦确定了我们要评估的人类行为范围,可选的项目既多又杂。为人熟知的个性评估项目从150项到400项不等。

**优势识别器项目是不是自模评分(Ipsative)？如是，会不会限制项目的得分？**

自模是个数学术语，指的是一个数据矩阵——如一组得分——的一个特性。

如果每个测试者的总得分是一个常数，该数据矩阵就被称为自模。更一般地说，自模表明，一组数据可以描述某个个人，但对不同人之间的比较，则作用十分有限。例如，一个人可以对自己偏爱的颜色排序，别人也可对他们喜爱的颜色排序。由于其自模性，你无法比较他们对于某个特定颜色的**偏爱强度**，而只能比较**偏爱排序**。在优势识别器的180个项目中，不到30%的项目是自模评分。这些项目分布于各个主题中，而每个主题项下至多有一个项目的评分会产生一个自模数据矩阵(Plake, 1999)。

**优势识别器如何计算主题得分？**

得分的计算基于测试者对于描述的平均偏向程度。对于每个描述，测试者有三个选项：非常同意，同意，中性。我们通过一个专有公式，赋予每个选项一个分值。将每个主题所含各项目的得分平均，就得出该主题的得分。得分可以是平均分、标准分或百分位。

**在开发优势识别器的过程中有没有使用现代测验分数理论(如项目反应理论IRT)？**

盖洛普长期进行基于才干的优势研究，优势识别器旨在运用其多年积累的知识和经验。因此，开始时，测试项目的选择都基于传统的效度证据(构想、内容、标准)。这是开发评测工具的惯行方法。关于将IRT应用于异质或同质评测的方法，只是最近才开始研究(如 Waller, Thompson, and Wenk, 2000)。下一步,优势识别器很可能用 IRT 来加以改进。

**优势识别器与正常个性、异常个性、职业兴趣和智能之间有什么构想效度联系?**

优势识别器是基于成功心理学的对人际才干的综合评测。因此,它与上述量度之间存在关联,其关联程度与个性测量与一般测量之间的关联程度相似。总之,这是个有待研究的实证性问题。

**优势识别器的得分会改变吗?**

这是一个重要的问题,可以从技术上回答,也可以从概念上回答。

**技术上的答案:** 我们期待优势识别器所测量的才干会表现出一种特性,叫信度。信度有若干定义。其中一个定义在技术上称为内部一致性,其所指的是得分中依赖于主题本身的内容,而与心情、疲劳等影响因素无关的那一部分。高度的内部一致性表明,主题的各个项目提供了一个互相一致的读数,而不反映其他影响。盖洛普的研究人员最近使用 5 万多名测试者的数据,调查了优势识别器主题的内部一致性。因为每个主题之下的项目数是不同的,从 4 个到 15 个不等,我们对每个主题的平均项目相关率进行了调整,以反映包含 15 个项目的主题的内部一致性。分析表明平均内部一致性为 0.785。内部一致性的最大值为 1,而信度的经验目标值是 0.80。因此,优势识别器的各个主题体现了可接受的内部一致性。信度的第二个定义在技术上称为重试信度。其所指的是一段时间内得分的稳定程度。优势识别器的几乎所有主题的 6 个月重试信度都稳定在 0.60—0.80 之间。重试信度最大值是 1,表明两次测试的得分完全一样。

**概念上的答案**:虽然,对信度进行全面评估是一个实证性问题,但对人的才干的概念来源,也不可忽视。盖洛普多年来用综合定性和定量的方法对杰出人物的终身主题进行了大量的系列研究。我们的研究对象从十几岁的少年到七十几岁的成人。每项研究的焦点在于识别与成功有关的持久的思维、感觉和行为模式。访问所问的问题既有前瞻性的,也有回顾性的。例如:"你希望10年后做什么?""你几岁时完成第一笔销售?"换言之,在我们的研究中,我们对杰出业绩的兴趣在时间框架上是长期的,而不是短期的。我们开发的许多项目都对职业稳定性进行了有效的预测,继而表明,被度量的属性是持久的。通过在两三年的时间范围内跟踪研究工作业绩,盖洛普得以更深刻地理解,究竟是什么因素使研究对象持续杰出,而不是昙花一现。在我们原来进行的终身主题研究中,有不少与动机和价值观有关的维度和项目。我们在设计优势识别器工具时,对此有所参照,以求识别这些持久的人类特性。

目前优势识别器的应用还处于初始阶段,因而我们还不清楚,我们所度量的个人的显著特性能否持久。一般说来,会是很多年而不会是几个月。我们或许可以预测,少则五年,多则三、四十年或更长。有越来越多的证据(如 Judge, Higgins, Thoresen, and Barrick, 1999)说明,个性的某些方面在人生的几十年内都能预测。优势识别器的某些主题可能会比另一些主题更持久。对不同年龄组的交叉研究将对常规行为模式的年龄变化提出初步解释。因此,如果测试中发现主题发生表面的变化,就应首先考虑是否存在测量误差,而不应急于肯定,测试者的内在特性、情感或认知发生了变化。若出现任何表面上的差异,也应请测试者作出自己的解释。

### 优势识别器的主题得分会随种族、性别或年龄而变化吗?

盖洛普以一般人群为对象,研究了优势识别器的主题。这些研究的目的在于反映所有可能的测试者,而不是申请或从事某种工作的特定群体。根据我们的全球主题数据库,主要人口群体之间的平均得分差小于 0.04 点(即 1 点的 1/400)。

实际上,这些得分差异可以忽略不计。而且,它们并不稳定。例如,与销售关系最密切的一个主题可能是“成就”。对于“成就”主题,男性得分高于女性 0.031 点;非白人(少数群体)得分高于白人(主流群体)0.048 点;40 岁以下得分高于 40 岁及以上 0.033 点。对于经理来说,一个重要主题是“统筹”。对于“统筹”主题,女性得分高于男性 0.021 点;白人(主流群体)得分高于非白人(少数群体)0.016 点;40 岁以下得分低于 40 岁及以上 0.053 点。最后,很多人相信“体谅”主题对于人际关系,特别是教学很重要。在这方面,女性得分高于男性 0.248 点;白人(主流群体)得分高于非白人(少数群体)0.030 点;40 岁以下得分高于 40 岁及以上 0.014 点。

从统计上看,鉴于目前优势识别器的数据库仅有 5 万多样本,即使这些细小的得分差也可被视为有“统计意义”。这实际上是一个样本规模的问题。必须注意的是,如果使用 d - prime 为测量单位,所有主题的男女之间平均有效规模差异是 0.099(即主题得分差与被测者所属群体之间的平均关联度低于 0.05)。白人(主流群体)与非白人(少数群体)之间平均有效规模差异是 0.133(即主题得分差与测试者所属群体之间的平均关联度低于 0.07)。40 岁以下群体与 40 岁及以上群体之间平均有效规模差异是 0.05(即主题得分差与测试者所属群体之间的平均关联度低于 0.03)。此外,许多这类微小得分差都是有利于所谓的“弱势”群体——非白人、女性和 40 岁及以上群体。最后,即使有较大差别,也不表示某一群体在主题得分上“优于”另一群体,而只表示，在数据库层面上，我们可以预见某些特定群体的得分趋势。

盖洛普研究人员在分析这些结果时，得出了四点结论。第一,“弱势”群体相对于主流群体的主题得分平均差是很小的,一般小于 0.04 点，转换成 d – prime 单位后得分差小于 0.10。因此，这些群体之间在得分分布上没有明显的或度量层面上的偏向。可比群体的得分分布之间有 98% 至 100% 的重叠。

第二,得分差极小,因而只在少数情况下有统计意义。这是因为完成优势识别器测试的人数超过 5 万，继而夸大了任何得分差。即使有较大的差别,一般都对“弱势”群体有利。

第三,没有哪个主题优于其他主题。它们只是代表不同优势的潜力而已。建立优势不是零和游戏。

总之，在全球数据库层面上的细微差别并不导致个体层面上的有实际意义的重大差别。

**对于由于残疾或经济原因而无法使用互联网的人，优势识别器如何实施、打分和反馈?**

经济困难的人（也叫作数字鸿沟）可以在图书馆或学校上网。值得注意的是，盖洛普的一些客户组织尚不能保证全员上网。这种情况下,如同对待低收入群体,可以通过几个中心站点上网。

对于残疾人,有各种便利设备可资利用。一般情况下,最有效的方法是让测试者关闭控制优势识别器测试速度的计时器。此外,可在测试实施前,根据具体情况与盖洛普协商解决。

**优势识别器对阅读能力有什么要求？达不到要求的人可采用什么替代方案?**

我们在设计优势识别器时，意在让阅读能力达到8至10级的人（大部分14岁的少年都能达到）都能完成测试。我们在实施青年领导研究项目时，试用过优势识别器，表明十几岁的少年完成优势识别器测试没有遇到什么常见的大问题。作为替代，可以关闭测试计时器，以便查字典或询问某个词的词义。

**优势识别器是否适用于非英语群体？**

盖洛普和其他研究机构都有大量证据说明，类似优势识别器所度量的那些个性维度是跨文化的。改变的是得分的高低，而不是主题的性质。优势识别器目前有7种语言的版本，2001年还将翻译成其他语言。按语言分类的预期得分数据库正在构建中。

**被测者可从优势识别器得到什么反馈？**

鉴于测试者参加优势识别器测试的目的不尽相同，反馈也相应不同。有时测试者得到的报告只列出其得分最高的五大主题。其他情况下，测试者从一名盖洛普顾问处获得个人反馈，或与同事一起参加有专家指导的团队建设小组会，分析其余29个主题，并获得有关每个主题的行动建议。

**参考文献**

下列参考文献是为那些对本技术报告的细节感兴趣的读者准备的。文献不求完备。虽然许多文献使用了先进的统计技术，读者不必害怕，尽管看下去好了。

American Educational Research Association, American Psychological Association, National Council on Measurement in Education (AERA/APA/NCME). 1999. *Standards for educational and psychological testing.* Washington, D. C. : American Educational Research Association.

*American Psychologist. Positive psychology* [special issue]. 2000. Washington, D. C. : American Psychological Association.

Block, J. 1995. A contrarian view of the five – factor approach to personality description. *Psychological Bulletin* 117: 187 – 215.

Hogan, R., J. Hogan, and B. W. Roberts. 1996. Personality measurement and employment decisions: Questions and answers. *American Psychologist* 51: 469 – 77.

Hunter, J. E. , and F. L. Schmidt. 1990. *Methods of meta – analysis: Correcting error and bias in research findings.* Newbury Park, CA: Sage.

Judge, T. A. , C. A. Higgins, C. J. Thoresen, and M. R. Barrick. 1999. The big five personality traits, general mental ability, and career success across the life span. *Personnel Psychology* 52: 621 – 52.

Lipsey, M. W., and D. B. Wilson, 1993. The efficacy of psychological, educational, and behavioral treatment. *American Psychologist* 48: 1181 – 1209.

McCrae, R. R., and P. T. Costa. 1987. Validation of the five – factor model of personality across instruments and ob - servers. *Journal of Personality and Social Psychology* 52: 81 – 90.

McCrae, R. R., P. T. Costa, M. P. de Lima, et al. 1999. Age differences in personality across the adult life span: Parallels in five cultures. *Developmental Psychology* 35: 466 – 77.

McCrae, R. R., P. T. Costa, F. Ostendorf, et al. 2000. Nature over nur – ture: Temperament, Personality, and life span development. *Journal of Personality and Social Psychology* 78: 173 – 86.

Plake, B. 1999. *An investigation of ipsativity and multicollinearity properties of the StrengthsFinder Instrument* [technical report]. Lincoln, NE: The Gallup Organization.

Waller, N. G., J. S. Thompson, and E. Wenk. 2000. Using IRT to separate measurement bias from true group differences on homogeneous *and* heterogeneous scales: An illustration with the MMPI. *Psychological Methods* 5: 125 – 46.

# 中文版后记

《现在，发现你的优势》中文版的翻译和出版得到了美国盖洛普公司高层领导的热忱支持和指导。原书作者、盖洛普公司前董事长唐纳德·克利夫顿博士于2002年5月来华，拜访了中国青年出版社，参与策划中文版的出版事宜。原书另一名作者马库斯·白金汉对部分翻译难点提供指导。盖洛普公司总裁吉姆·克利夫顿和副总裁拉里·埃蒙德在商务和技术上给以大力协助。

盖洛普（中国）公司总经理郭昕参与出版的策划和协调工作。分析师廖芳怡承担部分技术章节的译校。盖洛普在华专家伊萨贝尔·克劳斯对部分翻译难点提供协助。

中国青年出版社易小强、刘炜对本书的出版给予大力推动和及时指导。

特致诚挚的谢意。

方晓光

2002年7月，北京

# 采用本书理念和方法指导管理工作的企业:

奥迪
卡尔森公司
Delta 航空公司
Fidelity 投资银行
马里奥特酒店
瑞士酒店集团
希尔斯
丰田
通用汽车公司
沃尔玛商店
埃克森美孚
丰田汽车
花旗集团
日本生命保险
西门子
安联保险
美国邮政总局
荷兰国际集团
美国电话电报
索尼
德意志银行
波音
第一生命
本田汽车
忠利保险
美洲银行公司
雀巢食品
西南贝尔电信
瑞士信贷
惠普
富士通
住友生命
日本电气公司
联合利华
保诚保险
美国国际集团

苏黎士金融服务
家乐福
美国教师退休基金会
汇丰控股
荷兰银行
康柏电脑
朗讯科技
宝洁
德国电信
世界电信
宝马
美林
摩根斯坦利添惠
三菱电机
大通银行
苏伊士里昂水务
皇家飞利浦电子
美国电讯
美国海军
默克
现代
拜耳
杜邦
富士银行
瑞士联合银行
强生
时代华纳
三星电子
三菱重工
高盛集团
戴尔电脑
贝尔南方
阿尔卡特
沃特迪斯尼
德累斯顿银行
佳能

诺基亚
现代汽车
百事公司
百时美施贵宝
可口可乐
微软
马自达汽车
施乐
印度石油
大宇
联合航空
联合百货
法国国营铁路
夏普
辉瑞
明尼苏达矿业制造
西北相互人寿保险
麦当劳
韩国电力
富士胶卷
Best Buy
英国邮政
富士重工
澳洲电信
三井不动产
西北航空
办公用品
野村证券
墨西哥电话
国泰人寿
麻省人寿
中国网通
神州数码
广州移动
(排名不分先后)

**图书在版编目(CIP)数据**

现在,发现你的优势/(美)白金汉等著;方晓光译.
北京:中国青年出版社,2002
ISBN 7-5006-4819-7
Ⅰ.现... Ⅱ.①白...②方... Ⅲ.企业管理
Ⅳ.F270
中国版本图书馆数据核字(2002)第056456号



# 现在,发现你的优势

## Now, Discover Your Strengths

**作　　者**:〔美〕马库斯·白金汉 〔美〕唐纳德·克利夫顿
**译　　者**:方晓光
**责任编辑**:易小强 刘 炜
**美术编辑**:刘 静 顾 静 夏 蕊
**责任监制**:于 今
**出　　版**:中国青年出版社
**发　　行**:中国青年出版社北京中青文图书有限公司 (010)65516875/65516833
**制　　作**:中青文制作中心
**印　　刷**:北京中科印刷有限公司
**版　　次**:2007年5月第2版
**印　　次**:2008年6月第3次印刷
**开　　本**:880×1230 1/32
**字　　数**:200千字
**印　　张**:9
**京权图字**:01-2002-3689
**书　　号**:ISBN 7-5006-4819-7/F·185
**定　　价**:38.00元

《首先，打破一切常规》是美国盖洛普公司的产品，中文版由中国青年出版社2002年5月出版。

这是一本管理人的人和被人管理的人应当读的书。而每个人首先应当是管理自己的人，这种管理，包括你的思想、身体、金钱、才能、工作、情感、欲望和构成你生活的各种成份。

# 《现在，发现你的优势》
## 全国各大中城市经销商名录
（排名不分先后）

如果你是集团购买，请直接就近与本书各地经销商联系，以确保正版并享受折扣供书。

| | | |
|---|---|---|
| 北京第三极书局有限公司 | 冯立军 | 010－62534478 |
| 北京京翼滕飞图书有限公司 | 赵新莲 | 010－85952328 |
| 北京三联韬奋图书有限公司 | 彭立新 | 010－64002710 |
| 北京鹏飞一力图书有限公司 | 李　蕊 | 010－85365660 |
| 上海天地图书公司 | 张曼媛 | 021－64150238 |
| 上海季风图书有限公司 | 管姝静 | 021－54189132 |
| 广东学而优书店 | 张宁江 | 020－84032201 |
| 广东深圳求实图书有限公司 | 王　新 | 0755－25884648 |
| 广东深圳鑫文海图书有限公司 | 肖峥嵘 | 0755－82426258 |
| 广东珠海文华书店 | 荣朝焕 | 0756－8801992 |
| 广东东莞永正购书中心 | 张传富 | 0769－22243031 |
| 江苏南京九歌图书有限责任公司 | 赵　静 | 025－83314553 |
| 江苏南京万博文化传播有限公司 | 万小勇 | 025－83311865 |
| 江苏苏州文欣书店 | 邵安昆 | 0512－65307943 |
| 浙江杭州宝文堂图书有限公司 | 陈冬玲 | 0571－88256048 |
| 浙江杭州现代经济图书有限公司 | 盛月娟 | 0571－88256112 |
| 浙江宁波新世界图书有限公司 | 王吉凤 | 0574－87660899 |
| 天津新星书局 | 高小妹 | 022－27694843 |
| 天津南开区博文书店 | 陈　芳 | 022－27694398 |
| 四川新闻图书发行中心 | 陈　琦 | 028－83179529 |
| 四川川图读者服务部 | 文明英 | 028－86377610 |
| 重庆精典文化传播公司 | 杨　一 | 023－63763906 |
| 重庆册源地书店 | 杨光凯 | 023－67051801 |
| 湖南长沙楚材 | 杨宇辉 | 0731－2255220 |
| 湖南长沙连胜 | 伍慈英 | 0731－2221038 |
| 湖北武汉成才杂志社读者服务部 | 彭正刚 | 027－85497620 |

| | | |
|---|---|---|
| 河南郑州五环书店 | 张　涛 | 0371－67647324 |
| 河南郑州新浪潮图书商社 | 胡永华 | 0371－67647320 |
| 河北石家庄秋林书店 | 张春华 | 0311－83038090 |
| 河北石家庄春成书社 | 王玉成 | 0311－83020945 |
| 山东济南东方学林书店 | 车进军 | 0531－86012095 |
| 山东济南金马书店 | 金　潜 | 0531－82020453 |
| 山东潍坊京广书城 | 孙唯芬 | 0536－2953677 |
| 山西太原尔雅书店 | 靳小文 | 0351－7245403 |
| 山西太原新视野图书商务中心 | 朱　保 | 0351－5625938 |
| 辽宁沈阳新视角书刊发行有限公司 | 高　晶 | 024－24191561 |
| 辽宁大连文化图书有限公司 | 江　莉 | 0411－84252195 |
| 吉林长春联合图书城有限公司 | 高　歌 | 0431－2722248 |
| 吉林长春学人文化传播有限责任公司 | 孙　星 | 0431－5638139 |
| 吉林新陆桥图书经销有限公司 | 杨爱民 | 0431－2728299 |
| 黑龙江哈尔滨学府书店 | 王秀文 | 0451－86671074 |
| 黑龙江哈尔滨精华书店 | 翟丽娜 | 0451－86601971 |
| 安徽新腾图书有限公司 | 牛进文 | 0551－4224668 |
| 安徽崇文书店 | 李耀芳 | 0551－4227222 |
| 云南昆明经济书店 | 刘国俊 | 0871－4179197 |
| 云南昆明新知图书城 | 王　磊 | 0871－4184808 |
| 贵阳西西弗文化传播有限公司 | 李贵黔 | 0851－5809261 |
| 广西南宁鸿昌书社 | 陈钜昌 | 0771－5516182 |
| 新疆飞行书店 | 岳　薇 | 0991－5560183 |
| 福建厦门明志图书有限公司 | 陈志云 | 0592－5888586 |
| 江西南昌青苑书店 | 万国英 | 0791－8592273 |
| 陕西嘉汇汉唐图书有发行有限公司 | 杨　凯 | 029－85246459 |
| 甘肃兰州广场书城图书发行有限公司 | 严　华 | 0931－8545605 |

http://www.dangdang.com　　http://www.joyo.com
http://www.bolchina.com　　http://www.99read.com

**北京、广州、上海、深圳等各大、中城市的新华书店均为本书经销商。**

如果读者在以上经销点不能购买到本书，请直接与中国青年出版社北京中青文图书有限公司联系。

**发　　行：**中国青年出版社北京中青文图书有限公司
**投诉电话：**(010)65518035　　65516873
**投诉传真：**(010)65516896　　**E－mail：**zhongqingwen@yahoo.com.cn

# 《现在，发现你的优势》
## 读者调查表

尊敬的读者，感谢您阅读本书，请把您的感受表达出来并寄给我们，您将成为中青文读者俱乐部成员之一。

1. 您获得本书的渠道：

□新华书店 □书亭(摊) □普通书店 □赠阅 □网上书店 □其他

2. 您通过何种渠道最早了解到本书：

□偶然场合 □经人介绍 □书店广告 □报刊 □电视

3. 您的阅读情况：

□全部 □大部分 □少部分 □某一章节

4. 您手上的《现在，发现你的优势》大致传阅人数为：

□1－2人 □3－5人 □5－10人 □10人以上

5. 除本书外，您经常阅读的图书：

a. b. c. d.

6. 您对本书的总体印象：

□优秀 □良好 □一般 □差

7. 您对本书的整体评价：

| | | | | | |
|---|---|---|---|---|---|
| a. 全书内容 | □很好 | □较好 | □一般 | □较差 | □很差 |
| b. 部分章节 | □很好 | □较好 | □一般 | □较差 | □很差 |
| c. 译文水平 | □很好 | □较好 | □一般 | □较差 | □很差 |
| d. 装帧设计 | □很好 | □较好 | □一般 | □较差 | □很差 |
| e. 印刷制作 | □很好 | □较好 | □一般 | □较差 | □很差 |

8. 您对本书的观点是否赞成，为什么？您想对该书的作者、编者和其他读者说点什么？

9. 您以为本书的内容对您的生活、工作有多少直接的帮助？

**本社将根据您以下地址寄送俱乐部成员手册。**

姓　　名＿＿＿＿＿＿性别＿＿＿年龄＿＿＿＿文化程度＿＿＿＿＿＿＿＿

工作单位＿＿＿＿＿＿＿＿＿＿＿＿＿＿＿＿＿＿邮编＿＿＿＿＿＿＿＿＿

职　　务＿＿＿＿＿＿电话＿＿＿＿＿＿＿E－mail＿＿＿＿＿＿＿＿＿＿

通讯地址＿＿＿＿＿＿＿＿＿＿＿＿＿＿＿＿＿＿＿＿＿邮编＿＿＿＿＿＿

**请将本调查表寄至：北京市东城区东四10条王家园10号**

**中国青年出版社北京中青文图书有限公司** **邮编：**100027

E－mail：zhongqingwen@yahoo.com.cn